Contes de tous les pays

Contes de tous les pays

Illustrés par Nikolai Ustinov

Traduits par Elisabeth Filatoff et François Ponthier

Albin Michel Jeunesse

France : Le fil magique

Allemagne : Compte-Navet

Angleterre : La Princesse Coiffe-de-Jonc

Italie : Les sept fils

Espagne : Les trois oranges

Russie : Les cygnes de la sorcière

Allemagne : Marie-la-Pluie

Italie : L'homme des bois

France : La Princesse Rosette

Russie : La Princesse Grenouille

Finlande : Jeannot-Brindille

Suède : Le château à l'est du Soleil et à l'ouest de la Lune

L'édition originale de cet ouvrage a été publiée en 1985
à Esslingen par Verlag J.F. Schreiber sous le titre
Die schönsten Märchen für das ganze Jahr
© 1985, Verlag J.F. Schreiber, Esslingen
Pour l'édition française :
© 1986, Albin Michel Jeunesse, Paris
Loi 49-956 du 16 juillet 1949
sur les publications destinées à la jeunesse
Dépôt légal janvier 1994
N° d'édition 10 635/3
ISBN 2 226 024026
Imprimé en Chine

Le Fil Magique

Il était une fois une veuve qui avait un fils appelé Pierre. C'était un garçon solide et débrouillard, mais qui n'aimait guère aller à l'école. Ses pensées vagabondaient sans cesse, et quand son maître d'école lui demandait : « Mais à quoi penses-tu donc ? », il répondait invariablement : « Au jour où je serai grand. »

« Pourquoi ne peux-tu pas attendre » disait alors son maître, « ta vie est belle aujourd'hui, et quand on est grand, les choses ne vont pas toujours comme on le souhaite ! »

Mais Pierre n'aimait pas attendre. Quand c'était l'hiver, il ne pensait qu'à l'été, et quand l'été arrivait, il ne voulait rien de plus au monde qu'être en automne. Et quand il était à l'école, il pensait « si seulement la journée était finie », et le soir, dans son lit, il rêvait des vacances à venir.

Mais ce que Pierre préférait, c'était jouer avec Lise. Elle savait courir comme un garçon et ne se fâchait jamais, même lorsqu'il perdait patience, ce qui lui arrivait plus souvent qu'à son tour. Et quand elle venait le chercher pour un nouveau jeu, il pensait : « Si seulement j'étais grand, nous pourrions nous marier ! »

Il aimait aussi se promener seul dans la forêt. Là il pouvait se laisser aller à ses rêveries. Un jour d'été, alors qu'il s'était endormi étendu au soleil, il eut l'impression d'entendre quelqu'un l'appeler par son nom. Il ouvrit alors les yeux, et vit une vieille femme qui se tenait debout devant lui et qui l'observait gentiment.

— Regarde, Pierre, ce que je tiens là, dit-elle en lui montrant une petite boîte d'argent ronde comme une balle dont sortait un mince fil

d'or, c'est le fil de ta vie. Chaque fois que tu le tires, le temps passe plus vite. Si tu n'y touches pas, ta vie s'écoule comme celle des autres hommes. Un tout petit bout, et c'est déjà une heure de passée ! Mais attention, il est impossible de faire rentrer le fil dans sa boîte, car sitôt tiré, il s'envole en fumée. Et si jamais quiconque sait que tu le possèdes, alors, gare à toi, tu mourras sur le champ. Dis-moi, Pierre, le veux-tu ce fil ?

Pour toute réponse, Pierre se saisit de la boîte d'argent. Elle était légère, légère, mais solide et faite comme d'une seule pièce. Il la fourra dans sa poche et reprit le chemin de la maison. Bientôt il mit la petite boîte dans sa main et regarda le fil. Il lui sembla le voir sortir doucement, tout doucement, mais sans pour autant s'allonger. Il aurait bien aimé tirer dessus, mais cela lui faisait un petit peu peur.

Le lendemain, à l'école, son maître le gronda pour n'avoir pas appris sa leçon. Et Pierre ne put résister : il tira très prudemment un petit bout de son fil. A peine avait-il remis la boîte dans sa poche qu'il entendit le maître sonner la fin de la classe. Alors Pierre tira de plus en plus souvent sur le fil tant et si bien qu'il ne se passa plus un jour sans qu'il sorte la petite boîte du fond de sa poche. La vie était belle ! Il n'y avait plus que des congés. Et ceci dura pendant quelque temps.

Un jour Pierre se dit : « Ce que je suis bête ! Si j'étais grand, ou au moins sorti de l'école, je pourrais apprendre un métier et me marier avec Lise. Ensuite je n'aurais plus besoin de tirer sur le fil. »

Pendant la nuit, il tira donc un bon morceau de fil et le matin suivant se retrouva en apprentissage

chez un charpentier. Cela lui plaisait beaucoup. Il grimpait sur les échafaudages, portait de lourdes poutres et enfonçait joyeusement de grands clous dans le bois odorant. Et il ne tirait plus le fil que très rarement, seulement les jours où la paye était un peu longue à venir.

Mais lorsqu'il eut appris son métier, l'impatience le gagna de nouveau. Lise était allée à la ville chez une tante pour apprendre à tenir une maison. Ayant trouvé un travail non loin de là, il lui demanda de devenir sa femme.

— Avec joie, répondit-elle, mais laisse-moi une année pour que je devienne une véritable maîtresse de maison qui puisse faire honneur à son mari.

— Bien sûr, dit Pierre, et je peux t'assurer que cette année sera vite passée !

La nuit suivante, Pierre ne put s'endormir. Il sortit sa boîte et tira une bonne longueur de fil. Au matin, l'année s'était écoulée et Lise

se tenait en souriant devant lui.

Pierre fut tout heureux, mais son bonheur ne dura pas. Le facteur vint et lui apporta une lettre dans une enveloppe bleue : il devait se rendre à l'armée pour deux ans ! Il montra la lettre à Lise qui lui dit gentiment :

— Ne t'inquiète pas, ces deux années passeront vite.

— Plus vite que tu ne le crois, répondit Pierre en riant. Arrivé à la caserne, il ne tira pas tout de suite sur son fil. Il se plaisait bien avec tous ces garçons de son âge et l'exercice, même un peu dur, ne le rebutait pas. De plus, il se souvenait de l'avertissement de la vieille femme : le fil ne pouvait rentrer dans la boîte ! Il avançait juste le jour des permissions et aussi l'arrivée des dimanches. Tant et si bien que ces deux ans s'écoulèrent comme dans un rêve.

Revenu chez lui, Pierre prit la ferme résolution de ne plus sortir la boîte de sa poche. Il se rendait compte qu'il vivait là les plus belles

années de sa vie et il ne voulait pas qu'elles s'évanouissent trop vite. Il succomba cependant de temps en temps à la tentation sans que cela soit trop grave. Il aurait bien aimé toutefois dire son secret à Lise, mais il savait ce que cette révélation entraînerait.

Le jour du mariage fut fort joyeux, et Pierre se garda de toucher au fil malgré l'envie qu'il avait d'emmener sa Lise dans la belle maison qu'il lui avait bâtie de ses mains. Pendant le repas de noce, il observa sa mère qui bavardait gaiement avec un voisin. Il s'aperçut alors que ses cheveux commençaient à grisonner, et cela lui donna mauvaise conscience : il avait trop souvent tiré sur le fil. Désormais, il ne le ferait que pour les grandes occasions. Et il tint parole… pendant quelques mois. Un jour, Lise lui dit qu'elle allait avoir un enfant, et Pierre ne put s'empêcher d'avancer la date de la naissance. Il tirait aussi un peu sur le fil lorsque leur bébé criait ou qu'il était malade.

Puis vint le temps où ses affaires se mirent à mal marcher. Les clients se faisaient rares et l'argent aussi. Pierre ne put le supporter, d'autant plus que de nouveaux ministres vinrent qui voulurent tout changer, emprisonnant tous ceux qui faisaient mine de leur résister. C'est ainsi qu'on vint arrêter Pierre, qui avait toujours eu l'habitude de dire ce qu'il pensait. Mais avant même qu'on le saisisse, il avait sorti sa boîte et tiré, tiré, jusqu'à ce que ce mauvais rêve eut disparu. Mais cela lui avait coûté nombre d'années.

Désormais tout allait bien. Pierre

C'est alors qu'on vint arrêter Pierre…

Il avait sorti sa boîte et tiré, tiré, jusqu'à ce que le mauvais rêve eut disparu.

Lise lui avait donné plusieurs enfants.

avait presque oublié l'existence de la petite boîte d'argent. Un jour qu'il la regardait, cependant, il remarqua que le fil qui en sortait n'était plus en or mais en argent, et il se demanda combien de temps il pourrait encore le tirer. Lise lui avait donné plusieurs enfants qui grandissaient dans la joie. Et Pierre en oubliait son fil... Il se sentait comme un roi qui tenait au creux de sa main la vie de ses sujets. Un jour, sa plus jeune fille s'empara de la petite boîte et Pierre ne put la récupérer que de justesse. Il en eut froid dans le dos.

Que serait-il advenu de sa famille si son enfant avait tiré le fil ? Puis il dut emprunter pour agrandir sa maison tandis que sa mère, vieillie avant l'âge, tombait malade et bientôt mourait. A quoi bon tirer sur le fil ! Mais même sans cela, sa vie s'écoulait. Il perdit le sommeil, ne sachant comment rembourser ses dettes. Et son fils aîné qui avait de si mauvaises notes à l'école ! Ne serait-il pas préférable de les voir tous établis ? Alors il tira sur le fil jusqu'à ce qu'ils se soient tous installés dans la vie.

Maintenant Pierre avait lui aussi

des cheveux gris. Il n'avait pas pour autant appris la patience. Pour faire passer une douleur, éviter un courant d'air, Pierre tirait sur le fil. Il le tirait aussi quand Lise était malade car il ne pouvait la voir ainsi. Le temps passait de plus en plus vite. Mais il avait beau chasser les ennuis, ils revenaient de plus en plus nombreux. Et la vie ne lui semblait plus aussi joyeuse qu'autrefois. Son métier lui était de plus en plus pénible. Quand il montait sur les échafaudages, il avait mal partout. Et un matin, d'argenté, le fil magique était devenu tout gris. Pierre se regarda dans un miroir et vit qu'il était presque chauve et que son visage était tout ridé. Alors il se dit qu'il fallait aller maintenant le plus lentement possible. C'était aussi l'avis de Lise qui le pressait de prendre sa retraite. Mais pour cela il avait besoin d'argent et il tira sur le fil, une fois encore.

Enfin il fut à la retraite. Ce jour-là, il partit dans la forêt pour y prendre l'air et réfléchir. Les petits sapins étaient devenus de grands arbres, et pour un peu il n'aurait pas reconnu les sentiers qui lui étaient si familiers naguère. Il s'assit sur un

Quand il montait sur les échafaudages, il avait mal partout.

Il le tirait aussi quand Lise était malade.

Les petits sapins étaient devenus de grands arbres

banc et ne tarda pas à s'endormir. Soudain, il eut l'impression qu'une voix l'appelait. Il ouvrit les yeux et vit devant lui la vieille femme. Elle n'avait pas changé. Ni plus jeune, ni plus vieille, elle lui souriait gentiment.

— Alors Pierre, lui dit-elle, ta vie a-t-elle été aussi heureuse que tu l'espérais ?

— Ah ! répondit Pierre. Comment savoir ? La petite boîte a été merveilleuse. Je n'ai guère eu à attendre ou à souffrir dans ma vie. Mais tout a passé bien trop vite. Le bon et l'agréable ne m'ont pas souvent quitté, mais j'ai toujours voulu plus. Et me voici maintenant vieux et faible. Je n'ose plus tirer sur le fil pour que cela aille mieux. Pour un peu, je tirerai un bon coup pour que tout soit fini. Tu vois, ton cadeau ne m'a pas apporté le bonheur.

— Te voilà bien ingrat, reprit la petite vieille. Mais que t'aurait-il donc fallu pour assurer ton bonheur ?

— Une chose toute simple, répondit Pierre, la même petite boîte, mais dans laquelle on aurait pu faire rentrer le fil. On aurait pu ainsi recommencer ce que l'on aurait raté, et la vie n'aurait pas passé aussi vite !

La vieille femme se mit à rire.

— Ça, c'est impossible. Mais comme tu m'es sympathique, j'accepte d'exaucer encore un de tes vœux.

— Lequel ? interrogea Pierre.

— A toi d'y penser…

Alors Pierre, après avoir réfléchi, dit d'une voix lente :

— Je voudrais pouvoir revivre toute ma vie, mais sans la boîte magique. Je ne voudrais plus avoir la tentation de tirer sur le fil. Je

voudrais vivre comme les autres hommes, avec des jours de joie et des jours de peine.

— Ça, tu peux l'avoir, reprit la vieille avec un sourire, tu n'as qu'à me rendre la boîte...

Aussitôt dit, aussitôt fait, et Pierre sombra dans un profond sommeil pour se réveiller dans son lit ! Sa mère était assise auprès de lui. Mais elle n'était pas aussi vieille qu'il s'en souvenait. Bien au contraire, elle était jeune et fraîche, comme lorsqu'il était petit garçon.

— Te voilà enfin réveillé, Pierre. Tu nous as fait peur.

— Où suis-je donc ? demanda-t-il.

— Mais dans ton lit, petit sot chéri, près de moi. Tu as eu une mauvaise fièvre après être resté trop longtemps au soleil dans la forêt. Et tu n'as pas arrêté de faire des mauvais rêves en parlant d'une petite boîte d'argent d'où sortait un petit fil d'or...

— Alors je ne suis ni vieux, ni malade, reprit Pierre sans trop y croire.

— Non, dit sa mère en riant. Tu es tout au plus fatigué, mais bientôt cela n'y paraîtra plus.

Pierre se dressa et sauta au cou de sa mère. Il se regarda dans un miroir et y vit le visage joyeux d'un jeune garçon.

— Et Lise n'est pas une vieille femme ? demanda-t-il anxieux.

— Voilà que tu recommences à divaguer. Non, Lise est là, dehors et elle attend pour te voir.

Sur ces mots, Lise entra en essuyant furtivement une larme et serra Pierre dans ses bras.

— Oh ! Lise, je suis tout à fait guéri maintenant. Vivement demain que nous retournions ensemble à l'école…

Compte-Navet

Il y a bien des années, vivait dans la Montagne des Géants le Roi des Nains qu'on surnommait Compte-Navet. Toutefois il ne fallait pas l'appeler ainsi, car ce n'était là qu'un sobriquet qu'on lui avait donné pour se moquer du grand amour qu'il avait jadis porté à une princesse. Mais pourquoi donc Compte-Navet ? L'histoire mérite d'être racontée.

Le Roi des Nains était un personnage bien curieux. Il pouvait à volonté changer de taille, se faire tout grand ou tout petit. Sous la terre, parmi les gnomes, il était juste un peu plus grand qu'eux, mais lorsqu'il se promenait dans la forêt, il pouvait se transformer en charbonnier ou en bûcheron selon son humeur. Et quand il caressait sa longue barbe rousse, il en tirait des étincelles ! Avec les hommes, il était tantôt bon, tantôt méchant, toujours selon son humeur. En revanche, il se plaisait fort avec les animaux, et gare au charretier qui aurait fouetté ses chevaux pour leur faire monter la montagne plus gaillardement : le Roi des Nains

faisait se casser la roue de sa charrette et se renverser son chargement qui dévalait bien vite jusqu'au fond de la vallée. Mais quand il les trouvait bons, alors tout changeait, et le charretier n'avait plus qu'à se demander comment son attelage pouvait escalader si facilement une pente aussi rude.

Un jour, après une longue absence, le Roi de Bohème décida d'aller visiter la Montagne des Géants accompagné de sa fille, la princesse Angélica qui avait emmené avec elle son amie Brunehilde. Elles étaient toutes deux âgées de dix-huit ans et aimaient galoper des heures durant dans les forêts du Royaume. Mais ce qu'elles préféraient à tout, c'était de se baigner dans le Grand Lac Bleu perdu au milieu des arbres. C'est là qu'elles rencontrèrent le Roi des Nains, déguisé ce jour-là en apprenti bûcheron. Il les salua toutes les deux, et quand Angélica lui répondit, il sentit une grande chaleur envahir son cœur. Il ne savait pas que c'était de l'amour, car il n'avait encore jamais aimé personne. Il se demanda alors comment il pourrait tenir la jeune princesse à sa merci.

Le lendemain, Angélica et Brunehilde retournèrent au Lac Bleu accompagnées de toute une troupe d'amies. Mais arrivées au cœur de la forêt, elles pensèrent s'être égarées tant les lieux avaient changé. Les gros rochers et la plage de galet qui formaient la rive avaient laissé place à de magnifiques falaises de marbre vert qui descendaient jusqu'à tapisser le fond du lac, alors qu'ici et là de grands champs de mousse épaisse et confortable invitaient à se baigner. Clairs bouleaux et buissons fleuris avaient remplacé les sombres sapins qui naguère attristaient les eaux du lac. Fleurs et fruits menaient comme par enchantement à l'entrée d'une grotte faite de cristal de roche et de pierres précieuses qui

se reflétaient doucement sur la surface du lac.

Les jeunes filles restèrent tout d'abord muettes de stupeur. Certaines s'effrayèrent, mais il en fallait plus à Angélica qui se déshabilla promptement pour se jeter à l'eau.

Elle était si pure et si fraîche qu'Angélica ne se lassait pas d'y nager et d'y plonger, de plus en plus loin, de plus en plus profond malgré les appels de ses compagnes que sa témérité inquiétait. Puis, presque sous leurs yeux, Angélica disparut entre deux dalles de marbre. Brunehilde et les autres jeunes filles voulurent alors se porter à son secours, mais l'eau était soudain devenue si épaisse qu'aucune n'arriva à s'y enfoncer. Malgré leurs appels, leurs recherches et bientôt leurs cris et leurs pleurs, Angélica ne réapparut pas. Elle avait bel et bien disparu au fond du lac. Elles se résignèrent donc à rentrer au palais. Quand le Roi apprit la triste nouvelle, il envoya ses serviteurs pour fouiller le lac et ses environs, mais tout avait repris son aspect habituel et ils revinrent bredouilles. Le Roi déchira alors son pourpoint et sombra dans un profond chagrin dont nul ne put le distraire. Et tout le pays prit le deuil.

Seule la Reine refusait de croire que sa fille chérie s'était noyée. Elle se dit qu'il s'agissait peut-être bien là d'un sort jeté par le Roi des Nains et fit proclamer par tout le Royaume que quiconque lui ramènerait sa fille se verrait richement récompensé et que, si c'était un homme, elle lui accorderait la main de la Princesse.

Quelques jeunes gens se lancèrent à la recherche de la disparue, mais ils n'eurent pas plus de succès que les compagnes d'Angélica ou que les serviteurs du Roi. Angélica, cependant, ne s'était pas noyée. Arrivée au fond du lac, l'eau s'était brusquement retirée laissant place à un joli sentier de sable argenté. A sa rencontre venait un homme grand et mince, richement vêtu qui la salua cérémonieusement.

— Je suis le Roi des Nains, lui dit-il, et mon empire s'étend sous la terre sur des centaines et des centaines de lieues. Je possède châteaux, jardins et cascades autant qu'on peut en rêver, mais je te voudrais pour Reine. Je t'offrirai plus d'or, de bijoux et de parures que n'en possèdent tous les rois des hommes, et tout ce qui est à moi sera à toi.

Angélica le regarda, mais il ne lui plût pas. On lui avait souvent parlé de lui, de la faculté qu'il avait de changer de forme à sa guise, de sa soudaine méchanceté, et tout cela lui faisait peur. Mais elle était en son pouvoir, et elle ne devait rien faire qui puisse le contrarier. Alors elle se contenta de baisser les yeux et lui répondit qu'il lui fallait d'abord faire sa connaissance et ensuite en parler au Roi son père. Le Roi des Nains fut à la fois étonné et heureux qu'elle n'eut pas refusé tout net sa proposition. Il pensa que toutes les merveilles qu'il allait lui montrer lui ôteraient définitivement l'envie de retourner chez les hommes.

Il appela ses serviteurs et ses servantes. C'étaient de ravissantes petites créatures, de tout petits hommes et femmes si adroits qu'ils paraissaient enchantés. Ils apportèrent à Angélica des robes splendides, lui mirent des parures de perle et de diamant au cou et des bracelets d'or aux poignets et enfilèrent à ses pieds des chaussures magiques qui la transportèrent comme un oiseau à travers les grottes et les galeries qui sillonnaient la Montagne des Géants éclairées par les lueurs mystérieuses que diffusaient les murs d'or. Quand elle en eut assez, le Roi des Nains appela le plus grand aigle de la montagne qui la prit sur son dos et l'emmena au-dessus des fleuves et des vallées. Le Roi des Nains volait à côté d'elle, sans oiseau ni ailes, à l'aide de son seul manteau magique.

La table était chaque jour plus belle. Les promenades à cheval succédaient aux baignades et chaque soir se déroulaient des fêtes magnifiques où la voix des petits nains se mêlait aux violons de telle sorte qu'on croyait entendre chanter les anges eux-mêmes. Pendant ce temps, le Roi des Nains révélait à sa prisonnière les mystères de son royaume. Il lui apprenait comment les eaux se rassemblaient au plus profond des montagnes, comment les racines des arbres s'enroulaient autour des rochers, comment les pierres se transformaient en or et l'or en diamant. Mais Angélica n'avait pour compagnes que les bêtes de la forêt qui étaient d'ailleurs à son service. Elle n'avait qu'à appeler les cerfs si elle voulait se promener ou les ours si elle préférait voir quelqu'un danser. Mais si beau que tout cela fut, Angélica ne pouvait oublier son ancienne vie.

Elle pensait sans cesse à ses parents, à Brunehilde, à ses compagnes et s'étonnait tristement que nul ne la recherchât. Mais comment aurait-elle pu se libérer ?

Un matin, alors que le Roi des Nains lui demandait ce qu'elle désirait, elle se plaignit amèrement de sa solitude. Personne pour la distraire, ni compagnes pour rire et jouer, ni princes pour lui faire la cour. Le Roi des Nains sourit et lui promit d'apporter remède à son ennui. Le lendemain, il se présenta avec une corbeille pleine de navets et une petite baguette d'osier.

— En effleurant les navets de cette baguette, lui dit-il, tu pourras les transformer en ceux que tu aimes, qu'ils soient hommes ou animaux. Touche un navet, dis un nom, et la personne souhaitée apparaîtra devant toi, à l'exception de ton père et de ta mère parce qu'ils sont roi et reine.

A peine le Roi des Nains se fut-il éloigné qu'Angélica toucha le premier navet et appela « Brunehilde ». Aussitôt Brunehilde se dressa devant elle, riant et pleurant à la fois. Elles s'embrassèrent et eurent toutes sortes de choses à se raconter. Puis Angélica changea les navets les uns après les autres en divers personnages de la cour, petites et grandes filles, joyeux garçons et seigneurs

distingués qui se firent un plaisir de la servir. Sans oublier le Fou, naturellement. D'un coup, Angélica avait retrouvé sa joie. Les premiers jours s'écoulèrent comme dans un rêve. Angélica leur fit visiter son nouveau royaume et leur en montra tous les sortilèges.

Mais il n'est grande joie dont on ne voit la fin. Peu après l'avoir retrouvée, Angélica invita sa petite cour à une nouvelle fête, mais, malgré tous ses efforts, elle ne réussit point à lui donner le brillant de naguère. Les flatteries des seigneurs lui parurent banales et le Grand Maréchal n'eut pas, comme à l'accoutumée, d'idées nouvelles

pour les quadrilles. Et quelle ne fut pas la déception que lui donna son fou. Alors qu'il avait si bien chanté un jour à la cour du Roi, son père, qu'elle l'embrassa devant tous au grand scandale des vieilles dames d'honneur de sa mère, il ne put émettre une seule note malgré ses instantes prières. Sa chère Brunehilde elle-même lui parût languissante et lointaine.

Angélica cacha longtemps sa déception au Roi des Nains car elle ne voulait pas compromettre à ses yeux l'existence de son petit monde humain. Mais un soir où les choses avaient été particulièrement tristes, elle alla le trouver. Le Roi des Nains, gêné, tenta d'éluder sa question. Angélica exigeant de lui une réponse claire, il lui dit enfin :

— Sévère Princesse, les personnages de ta cour sont, comme tu le sais, l'œuvre de ton ensorcellement. Ils ne peuvent donc parler et se comporter que selon le souvenir que tu as d'eux. Ils dépendent uniquement de ton bon vouloir et de ton imagination. Et je ne peux t'apporter plus que ce que tu as en toi. Ce n'est déjà pas si mal !

Angélica fut assez fine pour comprendre ce discours, se disant que des hommes un peu ennuyeux étaient toujours mieux que pas d'homme du tout.

Mais les choses ne s'arrêtèrent pas là. Quelques semaines plus tard, elle eut l'impression que les amis qu'elle avait fait apparaître n'étaient pas bien portants. Ils avaient les joues pâles, les yeux creux, et ressemblaient de plus en plus à des fleurs fanées où des fruits blets. Seule Angélica restait fraîche comme une rose. L'état de ses amis empirait de jour en jour, mais ils lui assuraient bien aller et ne manquer de rien.

Un matin qu'elle avait décidé de les emmener faire une promenade à cheval, elle vit arriver avec horreur une troupe de vieillards se traînant devant elle, appuyés sur des cannes et des béquilles. Sa chère Brune-

hilde elle-même ressemblait à une vieille sorcière toute ridée. Angélica furieuse appela le Roi des Nains.

— Méchant gnôme, lui dit-elle, pourquoi as-tu changé mes amis et les as-tu faits laids et malades ? Rends-leur à l'instant leur jeunesse et leur beauté sans quoi je ne serai jamais ta femme !

— Oh ! toi, la plus belle des princesses, lui répondit le Roi des Nains avec gène, sois patiente. Mon pouvoir est grand, mais il a ses limites. Tu as changé des navets en êtres humains, mais ils ont gardé quelques particularités de leur vie de navet. Ils se fanent et se ratatinent comme les végétaux dont ils viennent. Sois patiente. Je ne peux t'apporter dans l'instant des navets frais. Malgré tous mes pouvoirs, je ne peux changer les saisons et nous sommes en hiver. Dès le printemps, tu en auras de nouveaux.

Mais Angélica ne voulait pas attendre si longtemps et lui déclara qu'il devrait s'arranger pour en avoir plus tôt. Rentrée chez elle, elle toucha sa troupe de sa baguette et tous redevinrent de petits navets ridés et desséchés que ses serviteurs-nains n'eurent plus qu'à jeter à la poubelle.

Il s'écoula bien du temps avant que le Roi des Nains n'apportât des navets frais. Ses nains durent allumer de grands feux sous les champs pour faire pousser les légumes plus vite, et il fut si occupé qu'Angélica trouva tout le temps pour réfléchir à la façon dont elle pourrait s'enfuir. Elle appela un cerf et monta sur son dos. Sa monture la conduisit jusqu'à un fleuve étroit et rapide mais ne put aller plus loin car c'était là la frontière du Royaume des Nains. Regardant sur l'autre rive, elle aperçut un jeune homme qui allait et venait au bord de l'eau bouillonnante comme s'il cherchait quelque chose.

— Qui es-tu ? cria-t-elle, le cœur débordant de joie à la vue d'un homme véritable.

— Je suis le Prince Ratibor, répondit-il, et je cherche la Princesse disparue. Si tu es une fée de la forêt, aide-moi à la retrouver. Depuis que j'ai vu son portrait, je ne puis me détacher d'elle.

Angélica regarda le prince étranger avec attention, et il lui plût, non seulement parce qu'il était le premier homme qu'elle voyait depuis longtemps mais parce qu'il était beau comme un dieu et qu'il l'avait prise pour une fée de la forêt.

— Je suis la Princesse Angélica en personne, lui cria-t-elle, et je voudrais m'enfuir avec toi. Mais le Roi des Nains est rapide comme l'éclair. Il nous rattraperait et te tuerait avant que nous ayons pu nous éloigner. Attends ici jusqu'à ce que je revienne avec deux bons chevaux.

Et elle s'éloigna au galop de son cerf. Alors qu'elle regagnait le palais du Roi des Nains, celui-ci, tout content, se porta à sa rencontre, des navets tout frais dans les mains.

— Les navets sont mûrs, Princesse bien-aimée. Demain mes nains en feront la récolte et tu pourras de nouveau t'entourer de ta cour d'hommes.

— Je le ferai, répondit-elle, mais j'aimerais auparavant que tu exauces un de mes vœux.

— Volontiers, reprit le Roi des Nains.

— Tu dois me dire exactement le nombre de navets que tu m'apporteras. J'ai fait un plan très précis de tous ceux dont je veux m'entourer et il ne doit pas me manquer un seul gâte-sauce !

Le Roi des Nains n'avait jamais compté de sa vie car il avait toujours eu beaucoup plus que ce dont il avait eu besoin. Mais pour l'amour d'Angélica, il accepta avec empressement.

— Surtout ne te trompe pas, dit-elle encore. Si tu te trompes, c'est que tu es plus bête qu'un homme et je n'ai rien à faire d'un mari stupide.

Le Roi des Nains s'éloigna à la hâte car il était impatient d'accomplir sa tâche. Angélica saisit alors rapidement deux navets frais, les toucha de sa baguette et les changea en deux superbes chevaux arabes.

Elle sauta sur l'un d'eux et partit au grand galop en traînant l'autre par la bride.

Pendant ce temps, le Roi des Nains comptait et recomptait les navets, car, comme il se pressait trop, il se trompait tout le temps. Il pensa enfin avoir obtenu le nombre exact. Il se rendit donc chez Angélica pour le lui donner et s'aperçut qu'elle n'était plus là. Il courut alors en l'appelant par tout son royaume. Mais elle avait disparu. Furieux, il s'envola très haut dans le ciel avec son manteau magique et l'aperçut juste au moment où elle traversait sur son cheval le fleuve qui marquait la frontière de son royaume. Il attrapa au passage un nuage noir qui se trouvait là, en tira un éclair et le lança sur Angélica et sur le prince qui l'attendait. Et il les aurait certainement tués s'ils n'avaient déjà atteint la rive de l'autre côté de la frontière. L'éclair se brisa en mille petites étincelles inoffensives. Au même moment, les chevaux redevinrent des navets et Angélica aurait fait une bien mauvaise chute si le Prince ne l'avait retenue.

Des paysans ayant reconnu Angélica lui apportèrent deux splendides chevaux grâce auxquels les jeunes gens regagnèrent d'un trait le château du Roi de Bohème.

Celui-ci était une fois encore en train de penser tristement à sa fille quand la porte de son palais s'ouvrit à deux battants laissant passer deux chevaux au galop. Et qui les montait ? Inutile de rapporter l'explosion de joie qui remplit alors la Bohème. Le lendemain fut célébré un double mariage, car Brunehilde, la vraie, pas celle au navet, épousa le frère du Prince Ratibor.

Quant au Roi des Nains, on le surnomma Compte-Navet, ce qui ne lui fit guère plaisir. En tout cas, jamais plus Compte-Navet ne voulut entendre parler de jeunes filles, fussent-elles princesses !

Inutile de rapporter l'explosion de joie qui remplit alors la Bohème.

La princesse Coiffe-de-Jonc

Il était une fois un roi qui était si puissant et si fier que personne n'osait le contredire. Il avait trois jolies filles qu'il aimait beaucoup, mais il chérissait surtout la plus jeune qui était aussi la plus belle. Chacune des trois était fiancée à un prince, mais le roi ne voulait pas les laisser se marier, car il désirait les garder auprès de lui pour qu'elles le soignent quand il serait devenu vieux et malade.

Le jour où il sentit ses forces décliner, il réunit toute sa cour, ses trois filles et les trois princes, leurs fiancés. Et il leur dit : « Je suis vieux et fatigué, et je désire abandonner la charge du pouvoir. J'ai donc décidé de partager mon royaume en trois parties et d'en donner une à chacune de mes filles, à la condition qu'elles acceptent de me recevoir, chacune à leur tour, moi et mes cent chevaliers. Mais avant, mes chères filles, vous allez devoir me dire l'une après l'autre à quel point vous m'aimez. Et celle qui m'aura ainsi témoigné le plus d'amour recevra la plus grande et la plus belle part de mon royaume. »

Alors l'aînée prit la parole et dit :

— Moi, mon Père, je vous aime autant que ma propre vie. Chaque jour que je passe loin de vous me paraît triste et long. Venez chez moi tant que vous le désirerez, je prendrai soin de vous.

La seconde dit alors :

— Mon Père, je vous aime plus que tout ce qui existe au monde. Aussi venez chez moi aussi souvent que vous le voudrez. Vous ne trouverez pas fille plus attentionnée que moi.

— Et maintenant, mon cœur, dit le roi en se tournant vers la plus jeune, fais-moi savoir à quel point tu m'aimes. Tu ne parles pas ?

— Je n'ai rien à dire, Père, répondit la jeune fille.

— Comment ça, rien ? Allons, parle.

— Ah ! mon Père, reprit-elle, que dire devant tous ces gens ? Je t'aime comme un enfant doit aimer son père. Tu as toujours été bon avec moi et je t'en suis reconnaissante comme c'est mon devoir.

— Pas plus ? reprit le roi légèrement courroucé. Réfléchis un peu et dis-moi quelque chose qui puisse me permettre de mesurer l'amour que tu me portes ainsi que l'ont fait tes deux sœurs.

— Puisque tu le désires, mon Père, dit alors la dernière fille, je t'assure que mon amour ne peut pas plus se passer de toi que la nourriture de sel.

— Est-ce tout ? demanda le roi.
— Oui, Père, mais c'est la vérité.
Le roi se mit alors dans une grande colère :
— Eh ! bien, pour le prix de ta vérité, tu n'auras rien, pas le moindre carré de terre, et pas la moindre somme d'argent. Tes sœurs se partageront le royaume entre elles deux.

Ainsi fut dit, ainsi fut fait.

Avant de les quitter, la plus jeune des filles dit à ses aînées :

— Maintenant que vous avez ce que vous voulez, prenez bien soin de notre père. Ah ! comme j'aurais aimé pouvoir le faire !

— Tais-toi donc, répondirent les deux autres. Veille plutôt à ce que ton fiancé veuille encore de toi, car tu es devenue la Princesse Sans-Avoir !

Et elles avaient raison : voyant que sa future épouse n'avait maintenant plus rien à lui apporter, le

troisième fiancé se retira sans demander son reste. Le roi chassa alors sa dernière fille comme s'il s'était agi d'une misérable, ne lui laissant emporter que trois robes, sa robe de tous les jours, sa robe de cérémonie et la robe qu'elle aurait dû mettre pour son mariage.

Un peu plus tard, alors qu'elle longeait un étang, elle cueillit des joncs et s'en fit un habit pour ne pas user ceux qu'elle avait emportés. Elle se fit aussi une capuche afin que nul ne puisse la reconnaître. A partir de ce jour, on l'appela Coiffe-de-Jonc. Et c'est ainsi qu'après un long voyage, elle arriva dans le pays de son ancien fiancé.

Entre temps, celui-ci était devenu roi, et comme tout roi sans épouse,

il se cherchait ardemment une reine. Il donnait de grandes fêtes où toutes les princesses des alentours venaient danser au son des plus belles musiques. Mais aucune ne lui plaisait.

C'est alors que Coiffe-de-Jonc passa devant ses cuisines et demanda si l'on n'y avait pas besoin d'une aide. Elle fut ainsi engagée, plus par pitié sans doute que par véritable nécessité. Elle devait laver, balayer, frotter, ne percevant pour tout salaire que les restes qu'on voulait bien lui laisser à manger. De temps à autres, elle apercevait son ancien fiancé, le roi. Mais il ne pouvait imaginer que cette souillon cachée sous sa coiffe de jonc était la jeune fille qu'il avait naguère failli épou-

ser. Quant à son père, il était allé avec ses cent chevaliers prendre pension chez sa fille aînée. Celle-ci l'avait reçu de grand cœur, lui et toute sa suite. Mais bien vite, cette présence lui pesa. Tous ces hommes étaient bien bruyants et ils coûtaient bien cher à nourrir. Elle dit alors à son père qu'il serait préférable qu'il se séparât de la moitié d'entre eux.

— Comment ? répondit son père avec fureur. Je t'ai donné la moitié de mon royaume, et tu refuses de nourrir mes cent chevaliers ?

Il enfourcha alors son cheval et partit chez sa deuxième fille à laquelle il se plaignit amèrement de l'attitude de sa sœur.

— Eh ! mon cher Père, dit cette dernière, ma sœur a raison. Pourquoi donc vous entourer d'une telle troupe de bons à rien ? A votre place, je les congédierais tous jusqu'au dernier.

— S'il en est ainsi, dit le vieux roi, je préfère retourner chez ta sœur, elle m'en laisse au moins cinquante, elle !

Il appela ses cent chevaliers, donna congé à cinquante d'entre eux puis partit avec les autres chez sa fille aînée. Mais celle-ci avait été prévenue par sa sœur cadette, et quand le roi arriva devant son château, il trouva toutes les portes fermées. Un garde cria du haut d'une tour qu'ils feraient mieux de passer leur chemin. Sur ces entrefaites, le mari de la fille aînée arriva avec ses chevaliers et dispersa aux quatre vents la troupe de son beau-père. Le vieux roi se retrouva donc seul, abandonné de tous, et, ayant dû vendre son cheval, il se mit à errer à travers le monde. Finalement, il trouva une pauvre cabane au cœur d'une profonde forêt où il s'installa, se nourrissant de ce qu'il cueillait dans les bois et les champs.

La forêt appartenait au nouveau roi, l'ancien fiancé de sa plus jeune fille. Il y chassait souvent, et emmenait alors toute sa cour avec lui. Les cuisiniers suivaient aussi, et Coiffe-de-Jonc suivait les cuisiniers. Un jour qu'elle cherchait des champignons que le roi aimait particulièrement, elle aperçut son père, assis devant sa cabane. Il ne la reconnut pas sous sa robe et sa coiffe de jonc. Il faut dire aussi qu'à la suite de tous ses chagrins, sa tête comme sa vue s'étaient quelque peu affaiblies. Elle le salua comme si elle ne l'avait jamais rencontré et lui demanda comment il arrivait à vivre ainsi, tout seul, au cœur de la forêt. Elle rangea sa cabane, fit sa cuisine et sa

lessive, et revint souvent le dimanche pour lui apporter les restes de la cuisine du château.

Un jour, le jeune roi donna une grande fête. Le soir il y eut bal, et tous furent conviés pour admirer le spectacle. Seule Coiffe-de-Jonc fut laissée à la cuisine, personne ne pouvant imaginer cette pauvre fille à une telle fête accoutrée comme elle l'était.

Lorsque tout le monde fut parti, Coiffe-de-Jonc mit sa robe de tous les jours. Puis elle se rendit au bal et se glissa parmi les spectateurs. Quand le jeune roi l'aperçut, il abandonna toutes les princesses et ne dansa qu'avec elle. Au moment de la dernière danse, Coiffe-de-Jonc disparut discrètement. Lorsque ses

compagnes regagnèrent leur chambre, elle dormait déjà profondément. Elles la réveillèrent et lui racontèrent comment le roi avait passé la soirée à danser avec une inconnue si belle que jamais personne n'en avait vu de plus belle.

— Laissez-moi dormir, ronchonna Coiffe-de-Jonc, et elle se retourna pour se rendormir.

Mais le roi ne pouvait oublier sa mystérieuse cavalière d'un soir. Bientôt, il décida de donner une nouvelle fête. Coiffe-de-Jonc fut une fois encore chargée de garder la cuisine. Mais dès qu'elle se retrouva seule, elle revêtit sa robe de cérémonie. Elle était encore plus belle que le premier soir. Le roi ne dansa qu'avec elle et beaucoup de princesses, furieuses, quittèrent le bal. Au milieu de la dernière danse, Coiffe-de-Jonc se glissa furtivement hors de la salle. Le roi chercha à la suivre, mais ne put traverser la foule qui se pressait dans l'escalier. Et il la perdit une fois encore de vue. Lorsque les filles de cuisine vinrent se coucher, Coiffe-de-Jonc dormait déjà. Comme la première fois, elles la réveillèrent et lui racontèrent que la belle inconnue était à nouveau apparue dans une robe encore plus magnifique que la précédente. Coiffe-de-Jonc ne répondit pas et continua à dormir. Pendant ce temps, le roi ne trouvait pas le repos. Il se languissait tant de la jeune fille qu'il

renvoya son petit déjeuner sans même l'avoir touché.

Il décida de donner un troisième bal. La plupart des princesses ayant refusé de s'y rendre, le roi invita toutes les jeunes filles de la capitale. Coiffe-de-Jonc se retrouva une fois de plus à la cuisine. Ainsi que les autres jours, elle attendit d'être seule pour se parer de sa troisième robe. Et comme c'était la robe de mariage d'une princesse, tous ne purent s'empêcher de la dévorer des yeux tant elle était belle. Le roi ne dansa qu'avec elle pendant toute la soirée, ne cessant de lui chuchoter qu'elle était la plus belle, qu'il voulait l'épouser et qu'elle ne devait pas disparaître une fois encore. Mais, peine perdue !

A la fin du bal, elle se glissa par une porte dérobée et rejoignit la cuisine tandis que le roi la faisait rechercher par toutes les rues de la capitale.

Ses compagnes la réveillèrent comme les autres soirs lui disant que, cette fois, le roi mourrait sûrement d'amour et de chagrin s'il ne retrouvait sa belle étrangère.

— Que voulez-vous donc que cela me fasse ? Laissez-moi dormir et tâchez d'en faire autant, grommela-t-elle.

Le matin suivant, personne dans la cuisine n'osa préparer le petit déjeuner du roi.

— Coiffe-de-Jonc n'a qu'à le faire, dirent-elles toutes. Comme il va le renvoyer…

Alors Coiffe-de-Jonc prépara une délicieuse bouillie pour le roi malade. Elle sentait si bon que chacun en avait l'eau à la bouche. Et la cuisinière l'apporta au roi. Ce que Coiffe-de-Jonc n'avait dit à personne, c'est qu'elle y avait glissé une bague que le roi lui avait offerte autrefois, quand ils étaient fiancés. D'abord le roi ne voulut rien manger. Mais quand il eut senti la délicieuse odeur qui montait de la bouillie, l'appétit lui revint et il avala le bol jusqu'à la dernière cuillérée. C'est alors qu'il découvrit la bague.

— Qu'est-ce donc que cela ? dit-il en l'examinant. Faites monter la cuisinière et demandez-lui qui a bien pu préparer mon petit déjeuner. La cuisinière répondit qu'elle ne savait pas qui s'était chargé de cette tâche. C'était peut-être cette petite Coiffe-de-Jonc qu'elle avait recueillie quelque temps auparavant.

— Envoyez-la moi, ordonna le roi.

Coiffe-de-Jonc se présenta. Mais comme elle avait quitté le bal très tardivement la nuit précédente, elle n'avait eu que le temps de glisser sur sa robe de mariée sa vieille robe de jonc. C'est donc une Coiffe-de-Jonc toute serrée dans ses habits qui avança devant le roi.

— Est-ce toi qui a préparé mon petit déjeuner ? demanda le roi.

— Certainement, Majesté, répondit-elle.

— D'où tiens-tu cette bague ? poursuivit le roi. L'aurais-tu volée ?

— Oh ! non, Sire, je l'ai reçue en cadeau, il y a de cela bien longtemps.

— Mais de qui donc ? insista le roi.

— D'un prince, répondit-elle.

— Mais qui es-tu pour qu'un prince te fasse un tel cadeau ? interrogea à nouveau le roi qui commençait à penser que Coiffe-de-Jonc n'avait peut-être pas toute sa tête.

— On m'appelle Coiffe-de-Jonc, dit-elle doucement.

Le roi la regarda plus attentivement et remarqua quelque chose qui brillait sous sa pauvre tenue.

— Qu'y a-t-il sous ta robe ? Approche-toi un peu.

Coiffe-de-Jonc retira alors sa vieille robe et sa coiffe et apparut aux yeux de tous dans la robe qu'elle s'était fait faire autrefois pour l'épouser, lui, le roi.

Celui-ci la reconnut et tomba à ses pieds.

— Pourras-tu jamais me pardonner tout ce que je t'ai fait subir ?

— C'est déjà fait, sourit-elle.

Et d'un coup, le roi se retrouva plus joyeux qu'il ne l'avait jamais été de sa vie. Il ordonna qu'on préparât sans plus tarder le mariage, ayant grand crainte que sa fiancée

ne disparût une fois encore. Tous les habitants du pays furent invités, y compris le vieux roi perdu dans la forêt à qui personne n'eut droit de révéler qui était la future reine. Avant le mariage, Coiffe-de-Jonc vint trouver la cuisinière et lui ordonna de ne pas mettre un seul grain de sel dans la cuisine qu'elle préparait.

— Mais le roi va être fort en colère, marmonna-t-elle.

— Cela est mon affaire, dit la fiancée. Contente-toi de faire ce que je te dis.

Quand arriva le premier plat au repas de noces, chacun s'apprêtait à se régaler. Mais quelle ne fut pas leur déconvenue lorsqu'ils eurent goûté la première cuillère. Tous se regardaient, aucun des plats n'avait de goût. Mais le roi, se souvenant, ne dit rien et se contenta de sourire. Quand au vieil homme de la cabane, il se mit à pleurer.

— Bon vieillard, lui demanda le roi, pourquoi pleures-tu donc ?

— C'est à cause de ma plus jeune fille, répondit-il alors. Je lui demandai un jour de me dire combien elle m'aimait, et elle me répondit qu'elle avait autant besoin de moi que la nourriture de sel. Alors je la chassai comme une misérable pensant qu'elle ne m'aimait pas assez. Mais c'était moi le misérable. Qu'est-elle devenue aujourd'hui ? Peut-être est-elle morte ?

— Non ! dit la jeune reine. Je suis là, Père chéri.

Et elle se leva pour se jeter à son cou. La cuisinière n'eut plus qu'à apporter le sel pour que chacun puisse se réjouir de si touchantes retrouvailles.

Pendant ce temps, les deux autres sœurs avaient commencé à se disputer, chacune voulant obtenir le royaume entier pour elle toute seule. Bientôt leurs maris se mirent de la partie et il s'ensuivit une épouvantable guerre au cours de laquelle tous les quatre perdirent la vie. Coiffe-de-Jonc hérita ainsi la totalité du royaume et le vieux roi retrouva ses cent chevaliers. Il ne les utilisa d'ailleurs jamais, et sa fille fit tout pour lui être agréable. Et ils vécurent très heureux pendant de nombreuses années.

Les sept Fils

Il était une fois, il y a bien des années, une femme qui avait sept fils. Elle habitait près d'Arzano, au bord du fleuve qui s'y jette dans la mer. Et ses fils vivaient sur la rive opposée. Elle attendait son huitième enfant quand son pauvre mari mourut. Lorsqu'elle annonça la nouvelle à ses fils, ceux-ci lui dirent :

— Chère Maman, nous aimerions tellement avoir une sœur que si jamais tu as encore un garçon, nous partirons tous tenter notre

chance dans le vaste monde. Aussi écoute bien : si c'est un fils, accroche un chapeau à ta fenêtre et si c'est une fille mets-y une coiffe. Alors nous viendrons chez toi et nous nous installerons près de notre sœur.

Un matin, le plus jeune des frères aperçut un chapeau à la fenêtre de sa mère. Il avertit ses frères, et, sans plus attendre, ils quittèrent Arzano pour explorer le monde. Mais c'était une fille à qui leur mère avait donné naissance. L'accouchement avait été très difficile et la sage-femme, épuisée, s'était trompée de signal.

Après de longues années d'errance, les sept frères arrivèrent dans une grande forêt où vivait un géant terrifiant. Il mangeait les hommes, bien sûr, mais il préférait de beaucoup les femmes et les petits enfants. Les frères, cependant, eurent de la chance. Lorsque le géant les découvrit, il s'était empoisonné après avoir dévoré un homme malade. Depuis lors, il ne se sentait pas très bien et sa vue avait beaucoup faibli. Les sept garçons lui plurent et il leur proposa d'entrer à son service.

— Vous serez bien chez moi, leur dit-il. La seule chose que je vous demanderai, c'est de me conduire chacun à votre tour.

Cela faisait bien l'affaire des sept frères qui entrèrent aussitôt à son service.

Les années passèrent. La sœur, qui s'appelait Anna, grandit. Un jour, sa mère lui raconta ce qui était arrivé à ses frères. Anna eut alors grande envie de les connaître, et elle partit à leur recherche. Sur son chemin, elle rencontra beaucoup de gens qui se souvenaient des sept voyageurs. Puis un soir, elle arriva à la maison du géant. Ses frères étaient là, et le géant, selon son habitude, était malade et couché. Après l'avoir accueillie avec des transports de joie, les frères craignirent que le monstre ne la découvrît. Ils lui enjoignirent alors de rester toujours dans sa chambre, la porte verrouillée à double tour.

Chaque fois qu'ils mangeaient quelque chose, ils ne manquaient pas de donner leurs restes à un gros matou qui ne cessait de les regarder de ses yeux perçants. Les frères conseillèrent à Anna de ne pas oublier d'en faire autant pour éviter que ce chat ne lui joue quelques méchants tours. Anna promit de faire attention et elle resta auprès de ses frères.

Un jour qu'elle était seule à la cuisine et qu'elle ranimait le feu dans la cheminée, elle prit machinalement une tranche de saucisson qu'elle croqua sans plus penser à autre chose. Et elle oublia complètement d'en donner un petit morceau au chat. Celui-ci gronda, cracha et se mit à faire une telle sarabande qu'il dispersa toutes les braises du foyer de telle sorte qu'il s'éteignit. Anna sortit alors pour aller chercher du feu, mais le monstre l'aperçut et se précipita pour l'attraper. Anna courut jusqu'à sa chambre et s'y barricada tandis que le géant frappait à coups redoublés sur sa porte. Par chance les sept frères survinrent et crièrent à l'ogre que l'inconnue s'était enfuie par le jardin. Le monstre se retourna et, comme il était à demi-aveugle, trébucha dans un fossé que les frères avaient creusé pour y placer une canalisation d'eau et se tua. Sans perdre de temps, les frères le recouvrirent avec la terre qu'ils avaient enlevée du fossé. Puis ils prévinrent leur sœur que le danger n'était pas écarté pour autant. Elle ne devait sous aucun prétexte cueillir les simples qui pousseraient sur la tombe du géant, car quiconque en avalerait, ne serait-ce qu'un petit peu, se trouverait immédiatement

transformé en oiseau. Anna promit qu'à l'avenir elle ferait plus attention. Quant au matou, il se coucha sur la tombe, refusa toute nourriture et, peu de temps après, mourut.

Ils vécurent alors des jours sans souci. Le printemps arriva, et ils projetèrent de retourner chez leur mère. Mais un jour, tandis que ses frères étaient allés couper du bois, un vieil homme s'approcha de leur maison. Il avait une grosse bosse sur la tête qui lui faisait fort mal. Anna se précipita dans le jardin pour y cueillir des simples afin de lui faire une compresse et du romarin pour lui préparer une tisane. Et toutes ces plantes poussaient sur la tombe du géant. Heureusement pour le vieillard, il quitta Anna sans avoir touché à la tisane. Mais il n'en fut pas de même pour les sept frères. De retour à la maison, ils virent la tisane qui était restée sur la table et la burent jusqu'à la dernière goutte. En moins de temps qu'il n'en faut pour le dire, ils furent tous les sept transformés en pigeons. Il y eut alors des battements d'ailes et des gémissements :

— Malheureuse ! Une fois de plus, tu n'as pas fait attention ! Nous voici pigeons pour toujours, et qui sait si nous ne serons pas bientôt mangés par quelque rapace !

Anna était désespérée. C'est alors qu'elle eut l'idée d'aller consulter une femme que l'on disait sage. Et celle-ci lui dit :

— Il n'y a qu'un moyen de délivrer tes frères du sort qui s'est abattu sur eux : tu dois te rendre à la maison du Temps et lui demander de t'aider. Ce ne sera pas facile de le décider, lui qui conduit toutes les créatures à la mort et qui n'a pas l'habitude de s'occuper des affaires d'une seule. Mais si tu décroches les poids de sa pendule, il perdra sa puissance et devra exaucer tous tes désirs. Oblige-le cependant à jurer sur ses ailes : c'est l'unique serment qui puisse le lier et te protéger contre sa vengeance. Mais tu devras trouver seule le chemin de sa demeure. Anna la remercia chaleureusement. Elle prit son manteau, des provisions pour la route, un petit sac de grains, et elle partit accompagnée par les pigeons.

Après plusieurs heures de marche, elle atteignit le bord de la mer. Tout près du rivage se tenait une énorme baleine qui demanda à Anna :

— Que cherches-tu donc, petit rat de terre ?

— Je cherche la maison du Temps, lui répondit-elle.

— Suis le rivage, reprit la baleine, jusqu'à ce que tu rencontres des rochers. Là tu trouveras quelqu'un qui t'aidera à continuer. Mais j'aimerais que tu me rendes un service : quand tu verras le Temps, demande-lui donc pourquoi je me cogne sans arrêt aux rochers.

— Volontiers, lui dit Anna en reprenant sa route.

Un peu plus tard, elle arriva auprès des rochers au milieu desquels s'affairait une souris.

— Que viens-tu faire par ici ? demanda-t-elle à Anna avec curiosité.

— Je cherche la maison du Temps, lui répondit Anna.

— Passe au-dessus de la Montagne Bleue et redescends jusqu'à la grande plaine. Tout au bout de celle-ci, tu trouveras quelqu'un qui t'aidera pour continuer. Mais je voudrais bien te demander un service. Le Temps accepterait-il de nous dire comment nous autres souris nous pouvons nous protéger des chats ?

Anna le lui promit puis elle décida de se reposer avant de

reprendre son chemin. Elle était morte de fatigue et les pigeons n'étaient pas encore très habitués à voler. Elle se coucha sur l'herbe et les pigeons la recouvrirent de leurs ailes là où son manteau ne suffisait pas. La fraîcheur du matin la réveilla de bonne heure et elle entreprit de gravir la montagne pour atteindre la grande plaine. Tout au bout de la plaine, se trouvait un grand chêne qui lui dit :

— Repose-toi donc dans mon ombre, petite créature humaine.

— Merci, répondit Anna, mais je suis pressée. Saurais-tu, par hasard, où se trouve la maison du Temps ?

— Tu y es déjà, reprit le chêne. Sa maison est là-bas, près du bouquet d'arbres. Mais si tu le vois, peux-tu lui demander pourquoi ce sont les cochons qui mangent mes glands en salissant tout ? Jadis, vous autres, les hommes, vous me respectiez, et quand la famine survenait, vous étiez bien heureux de pouvoir les manger. Demande au Temps comment je peux retrouver mon bonheur.

Anna lui promit de le faire puis se dirigea d'un pas vif vers le bouquet d'arbres, toujours accompagnée des pigeons.

La maison qui était très, très vieille, tombait complètement en ruine. Sa porte était fermée et, près de là, un vieil homme était couché.

Anna reconnut avec étonnement le vieillard dont elle avait soigné la bosse. Tous deux se réjouirent de cette rencontre.

— Es-tu rétabli ? lui demanda Anna. Et que fais-tu donc auprès de la maison du Temps ?

— Ah ! dit le vieux, j'approche de ma fin. Je suis venu ici pour demander au Temps quelques petites années de plus. Mais il m'a répondu : « Réjouis-toi plutôt d'être bientôt débarrassé de cette chienne de vie », et il est rentré chez lui.

— Et maintenant ? interrogea Anna.

— Je vais essayer une fois encore de lui parler quand il sortira, ce qui ne saurait tarder. Il ne se repose jamais très longtemps tellement il a de choses à faire.

— A quoi ressemble-t-il ? demanda à nouveau Anna.

— A rien de beau, reprit le vieil homme. Il a des cheveux gris tout emmêlés, un menton pointu, des ailes dans le dos et des rides partout.

— Comment peut-on entrer ? insista Anna.

— Par la petite porte de derrière, lui dit le vieux. Mais à ta place, je ne m'y risquerais pas !

Anna fit signe aux pigeons de la suivre, et elle se glissa silencieusement par la petite porte de derrière qui était ouverte. Une pendule avec deux gros poids se trouvait en plein milieu du couloir. Anna sursauta : il y avait quelqu'un dans une chambre, derrière elle. Elle tendit l'oreille, puis elle arrêta le balancier de la pendule, décrocha ses poids et les dissimula sous l'escalier. Ensuite, toujours accompagnée des pigeons, elle entra doucement dans la chambre. Le Temps était étendu sur son lit, à demi recouvert de ses grandes ailes. En le voyant Anna n'en crut pas ses yeux. Le Temps ne ressemblait pas du tout au portrait qu'en avait fait le vieil homme. Il était jeune, son visage était souple et rond et sa chevelure abondante. Il ouvrit les yeux, et regarda Anna.

— Que fais-tu dans ma maison, effrontée ? lui dit-il.

Pour un peu Anna serait tombée à ses genoux, mais elle se ressaisit et lui déclara :

— Honorable Temps, je suis

venu te voir pour que tu exauces certains de mes vœux.

— Je ne m'en soucie guère. Si tu tiens à la vie, file vite, grogna le Temps.

— Mais tu ne peux rien contre moi, reprit doucement Anna, j'ai retiré les poids de ta pendule. Il ne te reste plus qu'à m'écouter.

Le Temps parut comme paralysé, toutes ses forces semblant l'avoir abandonné.

— Eh bien, parle, dit-il.

Anna lui énuméra alors tous les vœux de ceux qu'elle avait rencontrés au cours de sa route, sans oublier les siens et ceux du vieil homme.

— Bon, dit le Temps. Je t'accorde tout ce que tu me demandes là.

— Jure-le moi sur tes ailes, et jure aussi que tu ne te vengeras pas !

— Je te le jure sur mes ailes, dit le Temps.

— Prouve-le moi, reprit Anna, en rendant à mes frères leur forme humaine.

— Venez ici, cria le Temps.

Et les sept frères se précipitèrent à l'intérieur. Le Temps effleura chacun d'eux du bout de ses ailes, et tous reprirent dans l'instant leur forme humaine. Ils voulurent le remercier, mais comme Anna avait remis les poids de la pendule, le Temps s'était envolé sans dire un

mot. Ils appelèrent ensuite le vieil homme, et manifestement le Temps avait tenu sa parole. Complètement rajeuni, il les remercia et s'en fut.

Ils marchèrent jusqu'au chêne qui leur dit :

— Imaginez cela ! Le Temps est venu me voir et m'a dit qu'il y avait un trésor caché sous mes racines. Voulez-vous le déterrer ?

Aussitôt dit, aussitôt fait, et le chêne leur en fit cadeau. Un peu plus loin ils rencontrèrent la souris qui leur dit à son tour :

— Imaginez cela ! Le Temps est venu me voir et m'a dit de réunir les plus courageuses d'entre nous et d'aller accrocher une clochette au cou du chat. Maintenant nous sommes sauvées car nous savons toujours où il se trouve.

Anna lui fit cadeau de son sac de grains. Et ils reprirent la route. Mais voici qu'apparurent sept brigands qui ligotèrent les frères et la sœur à un arbre et s'emparèrent du trésor. La souris rongea les cordes et les libéra. Elle leur révéla où les brigands avaient caché leur trésor et ils continuèrent leur chemin jusqu'à ce qu'ils rencontrent la baleine.

— Imaginez cela ! leur dit-elle. Le Temps est venu me trouver et m'a dit que je n'avais qu'à me faire un ami du poisson pilote qui connaît tous les rochers. Maintenant je ne me cogne plus !

Tandis qu'elle parlait, les voleurs réapparurent.

— Au secours ! cria Anna.

— Du calme, dit la baleine. Montez sur mon dos et je vous ramènerai jusqu'à chez vous.

Quelques heures plus tard, ils arrivèrent à Arzano. Quelle ne fut pas la surprise des habitants en les voyant arriver ainsi. Et quel ne fut pas le bonheur de leur mère de retrouver à la fois sa fille et ses sept fils qu'elle avait cru perdus à jamais. Après que les frères eurent demandé pardon à leur mère, ils organisèrent une fête magnifique et vécurent très longtemps et très heureux.

Une veuve avait trois grands fils qui auraient bien voulu se marier, mais aucune des jeunes filles de leur village ne leur plaisait suffisamment. A quelques distances de là vivait une vieille femme dont on disait qu'elle était un peu sorcière. Un jour, les trois frères allèrent la voir.

— Pourrais-tu trouver une femme pour chacun d'entre nous ? lui demandèrent-ils.

— Mais quel genre de femme vous faut-il ? interrogea la vieille.

— Pour moi, une belle, dit l'aîné.

— Pour moi, une riche, dit le second.

Mais elle dut s'y reprendre à deux fois pour obtenir une réponse du plus jeune. Il passait pour un peu bête et ne savait pas trop que dire.

— Une que je puisse vraiment aimer, finit-il par déclarer, et qui m'aime aussi.

Les deux autres frères éclatèrent de rire, mais la vieille leur dit :

— Chacun de vous aura la femme qu'il souhaite. Mais vous ne devrez pas vous quitter et faire exactement ce que je vais vous dire.

Après qu'ils eurent promis de suivre aveuglément les conseils qu'elle leur donnerait, la vieille continua.

— En marchant pendant trois jours, vous arriverez à un château où se trouve une orangeraie. Là, parmi de nombreux arbres, vous en trouverez un qui n'a que trois fruits mûrs, mais ce sont les trois plus grosses et les trois plus belles oranges de tout le jardin. Vous devrez vous hâter de les cueillir, sinon le seigneur à qui appartient le château vous jettera en prison et jamais plus vous ne reviendrez chez vous. Et vous devrez les cueillir toutes les trois d'un coup et surtout sans blesser l'arbre qui les porte. Ensuite vous me les apporterez et je les transformerai en bonnes épouses.

Les trois frères promirent une fois encore de suivre exactement ces instructions, et, dès le lendemain matin, se mirent en route pour le château. Ils passèrent la première nuit dans une grange abandonnée. Un rayon de lune pénétra par une lucarne et vint caresser le visage du plus âgé qui, de ce fait, se réveilla. Voyant ses frères endormis, il se dit : « Pourquoi m'embarrasser de ces deux-là ? Qui sait si nous ne nous disputerons pas quand nous reviendrons chez la vieille sorcière et qu'elle voudra donner une femme à chacun d'entre nous ? Je vais aller me cueillir une orange pour moi tout seul. Les deux autres n'ont qu'à en faire autant. »

Alors il se glissa tout doucement hors de la grange et se dépêcha tant et tant que le soir même il fut en vue du château. Les oranges qui remplissaient le jardin brillaient comme de l'or sous les rayons du soleil couchant. Les portes étaient grandes ouvertes et il entra sans se faire remarquer. Il chercha longtemps parmi les allées du jardin, et, enfin, aperçut tout au fond de l'orangeraie un grand arbre couvert de fleurs et de fruits encore verts à l'exception d'une branche qui portait trois oranges mûres et grosses à souhait. Mais cette branche était trop haute pour qu'il puisse l'atteindre seul. Il se dit : « Ah ! si seulement mes frères étaient là, nous pourrions nous faire la courte échelle et arriver jusqu'à sa hauteur ! »

Il essaya de grimper sur l'oranger, mais sous son poids plusieurs branches basses se brisèrent. Et

quand il tenta de tendre la main vers la première orange, il se retrouva brusquement paralysé, comme si l'arbre ne voulait plus le laisser redescendre. Alors tout s'anima dans le château. Des serviteurs accoururent, un vieil homme apparut qui le toucha de sa baguette. Sur le champ, l'arbre le libéra, les serviteurs se saisirent de lui et l'enfermèrent dans une des caves du château.

Pendant ce temps, les deux autres frères, qui avaient constaté que leur aîné leur avait faussé compagnie, s'étaient remis en route. La nuit vint et ils se réfugièrent dans une roulotte de berger. Mais le second frère n'arrivait pas à dormir. Il regarda le plus jeune qui se reposait tranquillement à ses côtés et se dit : « Notre frère aîné est sûrement déjà arrivé au château. Je ne vais pas attendre mon petit frère qui est plus une charge qu'une aide. Il ne se rendra pas même compte de mon départ ! »

Alors il descendit tout doucement de la roulotte et continua son chemin tout seul. Il marcha tant et tant qu'au matin il était rendu au château. Tout était silencieux, la grille du jardin était ouverte, et, dans les premiers rayons du soleil, les oranges brillaient comme de grosses boules d'or. Il aperçut des traces sur l'herbe qui le

conduisirent tout droit à l'oranger qui portait les trois superbes fruits. Il les vit suspendus au-dessus de lui, mais comme il ne pouvait les atteindre, il se dit : « Si nous étions deux, l'un de nous pourrait monter sur les épaules de l'autre et ainsi les cueillir sans difficulté. »

Il remarqua sur l'herbe les branches brisées et ne se risqua pas à tenter l'escalade. C'est alors qu'il aperçut une sorte de perche. Il la saisit et en frappa violemment la branche aux trois oranges. Non seulement elles ne tombèrent pas, mais des voix plaintives s'élevèrent de l'arbre. Aussitôt les serviteurs surgirent du château, s'emparèrent de lui et le conduisirent dans la cave auprès de son frère.

Lorsque le plus jeune se réveilla et qu'il se vit seul, il secoua la tête tristement. « Je dois me dépêcher de trouver le château, se dit-il. Mes frères sont peut-être prisonniers et je dois les délivrer. » Il marcha tout au long de la journée, et le soir se présenta devant le château. Le portail était ouvert, tout était silencieux et il n'y avait personne dans les parages. Il découvrit les traces qui menaient au grand arbre, et vit parmi toutes les fleurs et les fruits encore verts la branche qui portait les trois belles oranges. Il leva les yeux et se dit : « Je dois faire attention à ne pas blesser cet arbre, mais je dois aussi me hâter. » Il prit son élan, sauta et, en voulant cueillir une des oranges, arracha la branche qui les portait. Aussitôt l'arbre poussa quelques cris brefs, la porte du château s'ouvrit et le vieil homme en sortit lentement. Il était élégamment vêtu et avait un air grave et triste.

— Tu as maintenant la branche et les trois oranges. Je ne peux rien faire contre toi, dit-il. Mais comme tu as arraché le rameau, tes ennuis ne font que commencer.

Puis il tourna les talons, rentra au château et disparut derrière une porte. Alors le jeune garçon le suivit prudemment et s'aperçut avec étonnement que toutes les portes s'ouvraient dès qu'il les effleurait avec la branche. Il traversa de superbes salles, vit d'innombrables objets précieux, mais se garda bien de les toucher et, plus encore, de les emporter. C'est ainsi qu'il atteignit la cave où ses deux frères étaient enfermés. Ils étaient là, tout honteux, et ne dirent pas grand chose à son arrivée. La cave était presque vide à l'exception de trois bouteilles de vin et de trois pains qui étaient sur une planche. Comme ils avaient épuisé toutes leurs provisions, chacun d'eux se chargea d'un pain et d'une bouteille et ils prirent le chemin du retour. Il ne fallut pas longtemps pour que les deux aînés aient faim et soif. Ils mangèrent leur pain et burent leur vin. Quant au plus jeune, il se contenta de humer le merveilleux parfum des oranges qu'il portait précautionneusement sur leur branche. Il s'aperçut alors qu'elle ne se fanait pas et que les fruits restaient frais et brillants malgré la chaleur du jour. Pendant la première nuit, l'aîné ne put dormir. Il se glissa jusqu'à la branche et cueillit doucement une orange. Puis il sortit et s'engagea seul sur le chemin du retour.

Tandis qu'il se dépêchait, il eut à nouveau soif. Ne trouvant ni source, ni village, il crut sa dernière heure venue. Il se décida alors à

Quand après avoir erré de-ci de-là, il atteignit enfin le château...

...les serviteurs se saisirent à nouveau de lui et le jetèrent derechef dans la cave.

manger son orange. Mais au moment où il la coupait, une merveilleuse jeune fille se dressa devant lui et dit :

— As-tu du pain pour moi ?

— Hélas non, répondit-il. Je l'ai déjà mangé.

— Et du vin ?

— Pas plus. Je l'ai bu.

— Alors je n'ai plus qu'à rentrer dans mon orange et à regagner mon arbre.

Avant même que le garçon ait pu se rendre compte de quoi que ce soit, la jeune fille et l'orange avaient disparu. Alors, pris de panique, l'aîné décida de rebrousser chemin. Il ne retrouva pas ses frères, mais quand, après avoir erré de-ci de-là, il atteignit enfin le château, les serviteurs se saisirent à nouveau de lui et le jetèrent derechef dans la cave. Cette fois-ci, il était seul, et, bien que la nourriture fut bonne et abondante, l'inquiétude finit par le gagner. Qu'allait-on faire de lui ? Un soir, il entendit un trousseau de clefs cliqueter à sa porte. Celle-ci s'ouvrit, un gardien posa sur sa table un immense chandelier chargé de bougies et s'effaça pour laisser entrer une femme. Puis il se retira. Le garçon fut ébloui non pas tant par la lumière du chandelier que par les bijoux que portait la femme. Un diadème étincelait sur sa tête, des boucles d'oreilles brillaient sous ses

cheveux noirs, des bracelets de pierres précieuses ornaient ses poignets et de superbes bagues chargeaient presque tous les doigts de ses mains vigoureuses. Des diamants brillaient jusque sur ses souliers et son collier de perles lui-même semblait disparaître au milieu de toute cette splendeur. Elle s'assit en face de lui et sourit :

— Ne trouves-tu pas le temps long ? dit-elle.

Il aurait pu répondre « plus maintenant », mais il ne le fit pas. Elle n'était ni belle, ni laide, et il lui semblait se trouver face à un magasin de bijoux. Il n'avait pas grand chose à lui dire et pour meubler le silence il lui demanda si elle ne pourrait pas fonder un hôpital pour les malades pauvres avec quelques uns de ses bijoux.

— Bien sûr, répondit-elle, et tu en seras le premier pensionnaire ! Puis elle se leva et s'en alla.

— Tu es stupide, lui dit le gardien lorsqu'il vint reprendre le chandelier. Si tu l'avais prise pour femme, tu aurais été libéré sur le champ.

— Peut-être, répondit-il sombrement, mais c'eut été une nouvelle captivité !

Puis ce fut la nuit. Et il en fut de même pour le second frère. Incapable d'attendre, il arracha la deuxième orange de la branche et se mit en route pour regagner la maison. Mais il ne tarda pas à avoir soif. Ne trouvant pas de source, il coupa son orange en deux.

Aussitôt, une jeune fille surgit devant lui. Elle était superbement vêtue, portait un collier de perles, des bagues aux doigts, de coûteuses boucles d'oreilles et des bracelets en or. Les boucles de ses souliers étaient ornées de diamants.

— As-tu du pain pour moi ? demanda-t-elle.

— Non, répondit le garçon, je l'ai mangé.

— As-tu du vin pour moi ? reprit-elle.

— Non plus, je l'ai bu.

— Alors j'aime autant retourner dans mon orange et regagner mon arbre.

Et elle disparut en même temps que l'orange.

Le second frère fut alors pris d'un désir fou de retrouver la jeune fille. Il rebroussa donc chemin et se hâta vers le château. Là, les serviteurs l'empoignèrent et l'enfermèrent dans la cave. Il eut alors tout le loisir de réfléchir au fait que c'était à cause de sa pauvreté qu'il mettait la richesse au-dessus de tout. Et lorsque le gardien fit entrer dans son cachot une jeune femme, il eut honte de lui, de son origine et de sa famille.

Sa visiteuse était simplement vêtue, elle avait un visage qu'on ne pouvait oublier, de grands cheveux blonds aussi fins que de la soie et une taille d'elfe. Que venait-elle donc faire dans sa prison ?

Voyant qu'il était gêné, elle lui dit doucement :

— Je vois que je me suis trompée de porte…

Et elle s'en alla.

— Tu es stupide, lui dit peu

après le gardien. Si tu l'avais prise pour femme, tu aurais été libéré sur le champ.

— Mais comment aurais-je pu imaginer une telle chose ? se plaignit tristement le garçon.

Et ce fut de nouveau la nuit.

Quand le lendemain matin le plus jeune se réveilla, il vit que son frère avait disparu et qu'il ne restait plus qu'une seule orange sur la branche.

— Voilà que mon deuxième frère est parti en avance chez la vieille, se

dit-il. Dépêchons-nous de le rattraper.

En chemin, il eut grand soif, mais il se contenta de humer le parfum de l'orange. Peu après, cependant, n'y tenant plus, il la coupa en deux. Comme précédemment, une jeune fille surgit devant lui, habillée d'une robe toute simple. Elle était si belle qu'il faillit en mourir d'amour.

— As-tu du pain pour moi ? demanda-t-elle.

— En voilà, répondit-il, en lui donnant le morceau qu'il avait gardé.

— As-tu du vin pour moi ? demanda-t-elle encore.

— Bien sûr, lui dit-il, et il lui en versa un gobelet après avoir débouché sa bouteille.

— Je crois bien que nous serons heureux ensemble, dit-elle, et elle lui tendit la timbale dans laquelle elle venait de boire.

Après qu'ils eurent bu et mangé, il lui proposa de retourner dans son pays à lui.

— Surtout, n'oublie pas la branche, lui rappela-t-elle.

Lorsqu'ils arrivèrent devant la maison de la vieille, celle-ci était assise à sa porte regardant les gens passer.

— Mais où sont donc les deux autres ? interrogea-t-elle.

Alors le plus jeune lui raconta ce qui était arrivé.

Tu t'es trouvé une jolie petite fiancée

Elle la prit sur ses genoux et découvrit l'épingle.

— Tu as arraché la branche, cela va t'attirer beaucoup d'ennuis, soupira la vieille, mais tu t'es trouvé une jolie petite fiancée.

A ces mots, elle se leva, prit la jeune fille dans ses bras et l'embrassa tendrement.

Ce faisant, elle tira subrepticement une épingle de sa robe qu'elle piqua dans la nuque de la jeune fille. Celle-ci n'eut que le temps de pousser un cri avant d'être changée en une gentille colombe blanche, voletant apeurée autour du garçon. Quant à la vieille, elle avait disparu. Le garçon, qui ne s'était aperçu de rien, chercha vainement et la vieille et la jeune fille. De guerre lasse, il décida de retourner chez sa mère pour lui raconter ses malheurs et lui demander conseil. Et comme la petite colombe ne semblait pas vouloir le quitter, il la posa sur son épaule et l'emmena avec lui.

La mère fut toute joyeuse de retrouver au moins un de ses fils tout en se désolant à la pensée du sort réservé aux deux autres. Et ils parlaient souvent ensemble du meilleur moyen à trouver pour les délivrer. Tous deux aimaient bien la petite colombe qui ne s'éloignait jamais beaucoup. Ils ne manquaient pas, à chaque repas, de lui donner quelques miettes.

Un matin, la mère remarqua que

la colombe n'arrêtait pas de se gratter derrière la tête avec sa patte. Voulant voir si elle n'avait pas là quelque vermine, elle la prit sur ses genoux et découvrit l'épingle. Elle appela son fils et la lui montra.

— Qui donc a bien pu faire ça ? s'interrogea-t-elle en retirant délicatement le petit morceau de métal.

Au même moment, la colombe retrouva sa forme de jeune fille.

— Voilà la fiancée dont je t'ai tant parlé ! s'écria le fils.

— Où as-tu mis la branche ? lui demanda la jeune fille.

— Je l'ai jetée sur le fumier, répondit la mère. Ils se précipitèrent derrière la maison, retournèrent le tas de fumier et n'en trouvèrent plus la moindre trace.

— Nous devons immédiatement retourner au château, dit la jeune fille. C'est la seule chance que nous avons de retrouver ceux que nous avons perdus.

La mère leur donna quelques provisions pour la route, et en moins de deux jours, il se présentèrent devant le portail du jardin. Et voilà que la branche avait repoussé et que deux oranges y étaient accrochées. La perche était encore posée contre le tronc de l'arbre, mais le jeune homme se garda bien de la saisir. Il s'agenouilla et demanda à la jeune fille de monter sur ses épaules. Puis il se redressa doucement afin qu'elle puisse saisir les fruits. Dès qu'elles furent cueillies, les deux oranges se changèrent en deux autres jeunes filles.

Alors la porte du château s'ouvrit et le vieil homme en sortit accompagné de ses serviteurs qui entou-

raient les deux frères. La fiancée du plus jeune leur prit les mains et les plaça dans celle de ses sœurs. Le seigneur du château s'approcha de l'arbre et toucha la branche de sa baguette. Celle-ci tomba d'un coup et se transforma en une belle dame. C'était la mère des trois sœurs et la femme du seigneur du château. Un jour qu'il était en colère, il l'avait ensorcelée ainsi que ses trois filles et les avait enfermées dans l'arbre.

Maintenant, elles étaient délivrées. Le vieil homme donna l'ordre d'aller chercher la mère des trois frères afin que l'on puisse célébrer dignement leur mariage.

Chacun fut heureux, mais particulièrement le plus jeune car si la beauté passe, si la richesse demande toujours plus d'argent, le véritable amour dure plus que la vie.

Les Cygnes de la Sorcière

Il était une fois un riche paysan à qui son épouse avait donné une petite fille et un tout petit garçon.

— Ma fille, lui dit sa mère un matin, nous devons aller à la ville. Nous te rapporterons une jolie robe et un délicieux pain de froment. Pendant notre absence, prends bien garde à ton petit frère et ne le perds surtout pas de vue.

A peine les parents furent-ils partis que la fillette oublia complètement ce que lui avait demandé sa mère. Elle assit son petit frère au milieu du pré et alla jouer à cache-cache avec les enfants du village. Soudain, au-dessus d'elle, un grand bruit se fit entendre. C'était un vol de cygnes sauvages. Avant même qu'elle ait pu s'en apercevoir, l'un d'entre eux s'était abattu sur le pré, avait saisit le petit garçon et avait disparu avec ses compagnons dans la forêt toute proche. La grande sœur cria de toutes ses forces, voulut poursuivre les ravisseurs de son frère… en vain. C'est alors qu'elle vit devant elle un four à pain.

— Four à Pain, Four à Pain, se mit-elle à sangloter, dis-moi donc où les cygnes sauvages se sont envolés ?

— Je te le dirai, petite fille, si tu manges de mon pain de seigle, répondit le four.

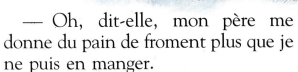

— Oh, dit-elle, mon père me donne du pain de froment plus que je ne puis en manger.

Alors le four à pain se tut et elle continua à courir jusqu'à ce qu'elle arrive au bord d'un grand ruisseau.

— Cher bon Ruisseau, s'il te plaît, peux-tu me dire où les cygnes sauvages se sont envolés ? implora-t-elle.

— Je te le dirais volontiers, chère petite fille, répondit le ruisseau, si tu bois une gorgée de ma bonne eau.

— Oh ! dit-elle, chez mon père, j'ai du bon sirop de framboise, bien sucré, plus que je ne puis en boire.

Le ruisseau se tut et elle continua de courir jusqu'à ce qu'elle atteigne le pied du pommier.

— Pommier, cria-t-elle, dis-moi vite où les cygnes se sont envolés ?

— Je te le dirais avec plaisir, répondit l'arbre, si tu acceptes de manger une de mes pommes sauvages.

— Brrr, fit la petite fille, mon père a les plus belles reinettes de tout le pays dans son verger, plus que je ne puis en manger.

Le pommier se tut, et elle se remit à courir. Elle aurait pu courir ainsi longtemps si elle n'avait rencontré le petit hérisson sur lequel elle s'était piquée naguère. Pour un peu, elle lui aurait donné un coup de pied, mais elle préféra se retenir.

— Petit hérisson, lui demanda-t-elle, n'as-tu pas vu où les cygnes se sont envolés ?

— Bien sûr, répondit la petite bête, ils sont là-bas, près de la hutte.

Et il lui montra celle-ci de son museau pointu. C'était une pauvre cabane montée sur des pieds de poule (c'est ainsi qu'on appelle les poutres sur lesquelles sont souvent perchées ces sortes de masures). Assise à l'intérieur, une sorcière était en train de boire son thé. Le petit frère, assis sur l'herbe, jouait avec des pommes d'or. La grande sœur se précipita, le saisit dans ses bras et s'enfuit à toutes

jambes. La sorcière sauta sur le manche de son balai, mais c'était trop tard, les deux enfants étaient sortis de son domaine et elle ne put les poursuivre plus loin. C'est alors qu'elle appela ses cygnes sauvages. Ils partirent immédiatement à la poursuite des fuyards.

Pendant ce temps, la petite fille était arrivée au pied du pommier.

— Pommier, Pommier, je t'en prie, cache-nous ! demanda-t-elle.

— Mangeras-tu alors de mes pommes sauvages ? questionna le pommier.

Il n'était plus temps de discuter. Elle mordit à belles dents dans un des fruits. Immédiatement l'arbre l'enveloppa de ses feuilles et les cygnes passèrent sans la voir. Mais quand ils repartirent, les cygnes les aperçurent et se remirent à leur poursuite.

Pendant ce temps ils avaient atteint le bord du ruisseau.

— Cher gentil Ruisseau, s'il te plaît, cache-nous, pria-t-elle.

— Boiras-tu de mon eau cette fois, petite ? répondit le ruisseau.

Elle était si assoiffée qu'elle se précipita et but à longs traits. Dans l'instant le ruisseau les porta jusqu'à une profonde caverne qu'il avait creusée jadis et une fois encore, les cygnes passèrent sans les voir. Ils décidèrent donc de faire demi-tour, mais au moment où ils allaient regagner la hutte de la sorcière l'un d'entre eux découvrit les deux enfants qui couraient dans un champ. Ils battirent de leurs ailes puissantes, plongèrent vers la terre et auraient saisi dans leurs becs le frère et la sœur si le four à pain ne s'était point trouvé là.

— Cher bon Four à Pain, je t'en prie, cache-nous, implora la petite fille, je mangerai tous les pains de seigle que tu voudras.

Immédiatement le four ouvrit sa porte et, une fois encore, les deux enfants disparurent. Les grands oiseaux tournèrent en rond, cherchèrent derrière chaque arbre et chaque buisson, et, de guerre lasse, s'en retournèrent là d'où ils étaient venus. La grande sœur put ainsi regagner la maison saine et sauve avec son petit frère. Il était grand temps car la carriole des parents entrait déjà dans la cour de la ferme.

Marie-la-Pluie

Tout le monde sait que le soleil a une assistante, Marie-la-Pluie. Lorsqu'il se met à faire trop chaud, elle a le droit d'attirer les nuages devant le soleil, et d'en faire tomber de la pluie qui rafraîchit et désaltère tout ce qui vit sur terre.

Mais le soleil a un autre assistant, Ric-le-Feu. Lorsque Marie-la-Pluie fait par trop pleuvoir, Ric-le-Feu a le droit de déchirer et de chasser ses nuages. S'il provoque une chaleur excessive, alors Marie-la-Pluie peut le faire fuir avec ses averses. C'est pourquoi ils sont tous les deux ennemis. Ric-le-Feu est vif et impétueux, Marie-la-Pluie est nonchalante et engourdie. Parfois même elle s'endort au son de sa propre pluie, alors le méchant Ric-le-Feu a tous les pouvoirs.

Il en était ainsi il y a cent ans. Au mois de mai, le soleil dardait déjà ses rayons comme en plein été. Dans les prés, l'herbe était brûlée, et au bout des épis, les grains commençaient à se dessécher.

C'est dans un petit village au pied de la montagne que les choses allaient le plus mal. L'eau tarissait au fond des puits, les gens ne pouvaient plus faire boire leur bétail

et devaient l'abattre ou le vendre. Un seul homme s'en portait bien, c'était le paysan des basses prairies. On l'appelait ainsi, car des années auparavant, alors qu'il pleuvait trop et que la rivière inondait les basses prairies, il les avait achetées à vil prix. Il était à présent le seul à avoir de l'herbe encore fraîche, et un puits qui avait encore de l'eau. Sa voisine vint un jour chez lui et lui demanda de l'eau pour ses moutons.

— Je vous donnerai bien volontiers de l'eau, Mère Fine, lui dit-il, mais vous devrez alors me rendre aussi un service.

— Lequel ? lui demanda-t-elle.

— Votre aîné, André, dit-il, va toujours danser avec ma Dorothée et voudrait l'épouser. Aussi je veux que vous le préveniez à temps qu'il n'en sera rien.

— Mais votre Dorothée aime bien mon André, dit la Mère Fine.

— Cela ne m'importe guère, dit-il, ma fille fait ce que je veux, et je ne veux pas qu'elle épouse un pauvre diable.

— Quand reviendra une grosse pluie, dit la Mère Fine, alors nous ne serons plus pauvres. Et quand la rivière inondera à nouveau vos prairies, alors vous ne serez plus riche.

— Cela ne semble pas être le cas, répondit en riant le paysan des basses prairies. Marie-la-Pluie doit s'être endormie; qui sait quand elle se réveillera.

— Il faudrait la réveiller, dit la Mère Fine.

— C'est impossible, dit le paysan.

— Bien sûr que si, c'est possible, dit la Mère Fine.

Mais elle ne lui dit pas qu'il fallait que ce soit une jeune fille, car il aurait alors sûrement défendu à Dorothée d'essayer.

— Mon aïeule, poursuivit-elle, l'a fait une fois. Elle m'a aussi indiqué le quatrain qui doit la réveiller, mais j'étais trop petite encore, et je l'ai oublié.

— Ça m'est égal, dit le paysan des basses prairies, qu'on la réveille ou pas. Je pourrai supporter encore bien longtemps la chaleur.

— Vous ne devriez pas parler si sottement, dit la Mère Fine, s'il ne tombe pas de pluie, tout se desséchera et vous avec.

— Voyons, dit le paysan, si je suis si sot et vous si ingénieuse, eh bien arrangez-vous pour la réveiller. Si vous y parvenez, et qu'il pleut

d'ici demain soir, alors votre André pourra épouser ma Dorothée. C'est mon dernier mot.

Sur ce, sa fille passa la tête par la fenêtre et lança :

— Mère Fine, vous avez entendu ce que mon père a promis ?

— C'est bon, Dorothée, grommela le paysan des basses prairies. Tu n'as pas besoin de témoin contre ton père. J'ai donné ma parole.

Dorothée s'empressa d'aider sa voisine à remplir d'eau une grande cuve et la porta avec elle à la prairie où André attendait avec les moutons qui mouraient de soif. Tandis qu'elles déposaient la cuve, une voix rauque et geignarde retentit : « Passe ! Passe ! » criait-elle, puis reprenait : « Passe ! Passe ! » Les animaux s'affolèrent et se précipitèrent avec tant de fougue qu'ils renversèrent la cuve, et l'eau précieuse s'écoula dans la terre.

Soudain surgit dans un tourbillon un petit homme qui semblait porté par le vent. Ses longs cheveux rougeoyants dansaient comme des flammes au-dessus de son visage cuivré, les lambeaux flamboyants de son pourpoint virevoltaient, ses jambes sèches comme du vieux bois tournoyaient au dessus de la prairie, faisant jaillir des étincelles. Avec ses doigts semblables à des pattes d'araignée il chercha à attraper les moutons qui détalèrent dans une fuite éperdue. Le petit homme éclata d'un rire strident et s'écria :

*Voici que la vague
n'est plus que nuée,
Voici que la source
n'est plus que poussière,
Les forêts sont desséchées,
Ric-le-Feu danse dans les prés !*

— Ric-le-Feu ! s'écria Dorothée.

— Chut !, lui souffla la Mère Fine, il prononce le quatrain que j'ai oublié.

— Quel quatrain ? demanda Dorothée, mais André la poussa du coude pour qu'elle se taise, car le petit homme répétait à l'instant même l'étrange quatrain. Puis un frémissement l'emporta et il disparut.

La mère avait répété les paroles pour s'en imprégner.

— Il en manque encore la moitié, s'écria-t-elle, mais voici qu'elle me revient à l'esprit :

*Prends garde à toi,
Avant que tu ne te réveilles,
Ta mère déjà sera là,
Pour t'emmener dans les ténèbres.*

Répète-le, Dorothée. Ce quatrain, c'est lui qui te fera réveiller Marie-la-Pluie.

Et ils le répétèrent tous les trois, jusqu'à ce qu'ils l'aient bien en tête.

— Maintenant il nous faudrait seulement connaître le chemin qui conduit chez Marie-la-Pluie, dit la Mère Fine.

— Il n'y en a qu'un, dit André. Ric-le-Feu le connaît sûrement ; je

vais lui en parler; peut-être nous le dévoilera-t-il aussi.

— N'y va pas, André, supplia Dorothée, mais André était déjà parti.

André n'eut pas à chercher longtemps. Les étincelles que lançait Ric-le-Feu commençaient à enflammer l'herbe d'un alpage; c'est là que le gnôme était assis, regardant d'un œil mauvais le petit océan de flammes. André fit comme s'il ne l'avait pas vu, mais le gnôme lui cria :

— Viens-donc, mon gars ! Ainsi tu veux connaître le chemin qui conduit chez Marie-la-Pluie ?

— Si je le voulais, dit André, je ne viendrais certes pas vous trouver; car vous ne le connaissez pas vous-même.

— Tiens, tiens, dit le gnôme, je ne le connais pas ? Je sais pourtant que Marie-la-Pluie habite derrière la grande forêt. Mais toi, espèce de rustre, tu ne sais pas que le chemin passe à travers l'un des vieux saules qui sont là-bas.

— Quoi ? s'écria André, je ne suis pas assez sot pour le croire; un chemin ne passe pas à travers un arbre.

— Non, dit le gnôme, il n'y a pas de chemin du tout, car Marie-la-Pluie s'est endormie et sa mère est venue la chercher pour l'emmener

dans la terre, et elle ne la laissera plus remonter. Et il faut maintenant que la terre entière soit réduite en cendres.

André retourna bien vite auprès des deux femmes. Je connais le chemin, dit-il hors d'haleine, et il leur raconta ce qu'il avait entendu.

— Au travers d'un saule creux, s'écria la Mère Fine. Maintenant cela me revient. Mais vous ne pourrez y aller qu'à la nuit tombée, car alors Ric-le-Feu n'aura aucun pouvoir.

Le lendemain, avant le chant du coq, André était prêt. Sa mère lui donna une délicieuse boisson au miel. André préparait sa lanterne quand Dorothée arriva. Ils traversèrent ensemble la forêt ténébreuse jusqu'au moment où, de l'autre côté, ils virent une rangée de saules séculaires.

— Lequel cela peut-il bien être ? dit André.

Ils ne trouvaient pas l'entrée. Alors André se plaça devant le saule le plus gros et commença à réciter les paroles du quatrain. A peine les avait-il prononcées que le sol s'entrouvrit entre les racines puissantes, et ils virent au fond d'une grande cavité une galerie souterraine. Ils s'y enfoncèrent. André aida Dorothée à descendre un escalier en colimaçon raide et étroit. De sa lanterne, il éclairait le chemin qui les conduisait toujours plus profondément dans la terre. Ils traversèrent ensuite de larges galeries qui ressemblaient à des grottes, puis descendirent à nouveau des marches. Quand ils s'arrêtaient, ils entendaient l'eau de la montagne qui gouttait, et parfois un bruissement qui semblait venir de lointaines rivières.

— Pourvu que nous puissions ressortir, dit Dorothée.

André lui prit la main.

— Tu as peur, Dorothée ?

— Je n'ai pas le droit d'avoir peur, répondit-elle, ton aïeule a fait le même chemin, et peut-être même toute seule. Continuons !

C'est ainsi qu'ils marchèrent pendant des heures. Tout à coup, ils aperçurent la lumière du jour. Lorsqu'ils arrivèrent à l'air libre, une chaleur torride les accabla. Ils se trouvaient au milieu de hautes montagnes. Le soleil matinal étincelait sur les prés calcinés. Le chemin passait au milieu de buissons desséchés, puis montait en pente douce à travers une grande vallée. Il n'y avait pas une goutte d'eau dans le lit du torrent. André s'arrêta.

— Est-ce bien là le royaume de Marie-la-Pluie ? dit-il.

Ils continuèrent à marcher sous le soleil incandescent. Mais Dorothée s'arrêta en fermant les yeux.

— Je n'en peux plus, murmura-t-elle.

André s'empressa d'ouvrir son flacon et lui offrit de la boisson au miel. Il lui sembla alors être régénérée, André but aussi, et ils poursuivirent leur chemin, tout revigorés. Ils voyaient maintenant des arbres, de plus en plus d'arbres, et arrivèrent finalement dans une sorte de grand parc. Les feuilles pendaient tristement aux branches. Mais elles étaient encore vertes, et André dit :

— Si elles reçoivent de la pluie maintenant, il ne sera pas trop tard.

Alors ils atteignirent un grand lac. Il était à sec, il ne restait plus en son milieu qu'une mare bourbeuse dont l'eau stagnante dégageait une odeur nauséabonde. Des poissons morts y flottaient. Un oiseau aquatique d'une espèce étrange, aussi

grand qu'un homme, dormait sur une patte. Derrière le lac, les rochers se dressaient par dessus les cimes comme un palais.

— Nous y sommes, dit André, à partir d'ici il te faut marcher toute seule.

Il s'allongea à l'ombre d'un arbre et attendit. Dorothée contourna le lac. Elle fut alors saisie d'effroi. Dans l'herbe flétrie de la rive était allongée une silhouette humaine. C'était une grande femme enveloppée de vêtements fluides. Dormait-elle ? Etait-elle morte ? Dorothée s'approcha sans bruit et la contempla. Elle était belle, mais aussi flétrie que les fleurs; elle respirait à peine. Alors Dorothée s'agenouilla auprès d'elle et lui murmura à l'oreille :

Voici que la vague
n'est plus que nuée,
Voici que la source
n'est plus que poussière,
Les forêts sont desséchées,
Ric-le-Feu danse dans les prés !
Prends garde à toi,
Avant que tu ne te réveilles,
Ta mère, déjà sera là,
Pour t'emmener dans les ténèbres.

Une brise se mit alors à caresser le feuillage des arbres comme si elle annonçait la pluie; on entendit un grondement de tonnerre dans le lointain. Au même moment une voix rauque fit entendre tout près de là un cri de colère. Etait-ce Ric-le-Feu ? La femme ouvrit les yeux.

— Que veux-tu ? demanda-t-elle.

— Hélas, Madame-la-Pluie, dit Dorothée, ne voulez-vous pas vous lever ? Vous avez dormi affreusement longtemps.

— Mon torrent ne dévale-t-il donc plus la campagne ?

— Hélas non, il est complètement asséché, Madame-la-Pluie.

— Mon oiseau ne dessine-t-il donc plus ses arabesques au-dessus du lac ?

— Il se tient dans la vase et dort.

— Malheur à moi, soupira-t-elle, il est donc grand temps. Viens avec moi ; prends cette cruche.

Dorothée prit la cruche qui était à ses pieds et la suivit.

— Allez-vous faire venir la pluie ? demanda-t-elle.

— Il faut d'abord que tu enlèves la dalle du grand puits, dit Marie-la-Pluie. Remplis la cruche.

Et elle lui indiqua un mince filet d'eau qui s'écoulait de la haute bâtisse. Dorothée obéit. C'est seulement alors qu'elle s'aperçut des véritables dimensions de l'édifice. On aurait dit une immense église ou un château qui s'élançait à flanc de montagne, avec ses arêtes découpées, ses vastes salles et ses pignons, taillés à même le roc.

— Maintenant, va chercher la clé, dit Marie-la-Pluie. Tu dois franchir la rivière. N'aie aucune crainte, quoi que tu voies. Il ne peut rien t'arriver.

Dorothée vit dans la lumière incandescente du soleil la clé massive qui était accrochée près de l'entrée. Mais lorsqu'elle s'en approcha en traversant la vase brûlante de la rivière, elle poussa un cri. Un poing cuivré sortait de la vase, et des doigts semblables à des pattes d'araignées cherchaient à l'attraper.

— Poursuis ton chemin, cria Marie-la-Pluie. Alors elle se dirigea courageusement vers la clé, mais sa main se retira juste à temps. La clé était chauffée à blanc. Elle s'empressa d'y verser l'eau de la cruche, et lorsque l'eau grésilla, le poing disparut dans la vase. Dorothée pénétra alors dans l'imposante salle qui servait de vestibule et enleva la dalle qui scellait le puits. Une vapeur légère s'échappa des profondeurs humides et remplit bientôt tout le château, la vapeur se transforma en brouillard, le brouillard en nuages qui devinrent de plus en plus nombreux, de plus en plus épais, jusqu'à ce que Dorothée ne voie plus à deux pas.

— Frappe dans tes mains, entendit-elle crier, mais doucement, afin que les nuages ne se déchirent pas !

C'est ce que fit Dorothée, et chaque fois qu'elle frappait dans ses mains, un nuage s'élevait et glissait sans bruit vers la porte. De partout l'eau affluait et ruisselait, et lorsque Dorothée sortit, il commençait à pleuvoir.

— Tu m'as sauvée, dit Marie-la-Pluie, sinon ma mère m'aurait entraînée dans les profondeurs de la terre, alors que j'aime tant vivre à la

lumière. Mais il te faut maintenant te hâter, avant que les cours d'eau n'envahissent tout. Tu vois la barque sur le lac, elle est déjà à flot. Descends le torrent sans crainte, ainsi tu rentreras chez toi.

Elle donna en souvenir à Dorothée une bague en or incrustée d'une merveilleuse pierre bleue comme l'eau; puis elle disparut dans les vastes salles. Dorothée appela André qui accourut tout ruisselant. Ils montèrent dans l'embarcation. Sans gouvernail et sans rame elle glissait sur le torrent qui grossissait. Tout à coup, ils se retrouvèrent sur une grande rivière.

— Mais c'est la rivière de notre village, s'écria André.

La barque accosta doucement en contrebas de la maison qui appartenait au paysan des basses prairies, et celui-ci sortit.

— Vous voilà, dit-il. Et la Mère Fine est là aussi. Mais mon foin a été emporté.

— Regarde la bague, Père, c'est un cadeau de Marie-la-Pluie.

Et depuis ce jour, Marie-la-Pluie ne s'est plus jamais endormie.

L'homme des bois

Il était une fois un fils de roi qui avait entendu parler d'une princesse que l'on disait si belle et si gracile que lorsqu'elle buvait du vin, un scintillement rose transparaissait à travers sa gorge. Le prince eut grande envie de rencontrer une telle princesse, d'autant plus que son père le roi le poussait depuis longtemps à prendre femme. Il se mit donc en route et partit seul sur son cheval.

En chemin, alors qu'il traversait une profonde forêt, des brigands l'attaquèrent, le firent tomber de cheval et le rouèrent de coups avant de s'enfuir avec leur butin. Pendant de longs moments, le prince ne put ni penser ni parler. Et comme il s'était démis le pied dans sa chute, il ne lui fut pas possible de reprendre son chemin. Il s'installa donc comme il le put au cœur de la forêt, se nourrissant de baies et de racines et buvant l'eau d'une source proche. Son pied mit bien longtemps à se guérir. Si longtemps que les cheveux et la barbe du prince poussèrent, que ses vêtements tombèrent en lambeaux et qu'il prit peu à peu l'aspect d'une bête sauvage.

Un jour que le père de la princesse chassait dans la grande forêt accompagné de ses seigneurs et de sa suite, il aperçut soudain au milieu des halliers un homme hirsute qui semblait se cacher. Il ordonna sur le champ à ses serviteurs de le capturer. Mais l'homme

était robuste et ce ne fut pas chose facile. Finalement on le maîtrisa, puis on le ligota sur un cheval pour le mener au château du roi. Le prince, que nul n'avait pu reconnaître, fut si furieux du traitement qu'on lui avait fait subir qu'il refusa tout net de s'expliquer.

Le roi le fit donc enfermer dans une cage vide qu'il réservait aux ours qu'il capturait vivants dans la forêt. La porte en fut fermée par une grosse chaîne, et les serviteurs, n'osant y pénétrer, nourrirent le prisonnier à travers les barreaux. Le roi, très fier de sa capture, montrait souvent le prince à ses invités qui ne manquaient pas de s'amuser et de se moquer de l'étrange créature.

Le roi confia à la reine une clef de la cage en lui interdisant sévèrement de la remettre à quiconque de peur que l'on laissât échapper l'homme des bois ce qui n'aurait pas manqué de causer grands dommages. La reine promit de veiller soigneusement sur la clef, et, pour plus de sûreté, l'enferma dans un coffre en bois dont elle ne se séparait jamais, même durant son sommeil.

Quant à la princesse, elle ignorait totalement qu'elle était la véritable cause du malheur du prisonnier. Elle se tenait souvent non loin de la cage, dans la cour, mais ne s'en approchait guère, se contentant de l'observer avec curiosité, de loin,

comme on regarde un animal. Le prince, pour sa part, ne la quittait pas des yeux derrière ses barreaux, et se taisait. Pour passer le temps, il s'intéressait aux araignées qui tissaient leurs toiles dans sa cage et admirait la façon dont elles capturaient les mouches et les moustiques dont elles se nourrissaient. A quelques pas de là, se trouvait une ruche. Les abeilles y fabriquaient le miel le plus exquis que l'on pouvait récolter aux alentours, et la princesse ne mangeait que de ce miel là.

Un jour, il arriva qu'une jeune abeille, encore chétive et inexpérimentée, vint se prendre dans une des toiles ornant la cage du prince. L'araignée, prudente, ne se jeta pas immédiatement sur sa proie : elle craignait le dard de sa victime et préférait attendre qu'elle s'épuisât avant de lui donner l'estocade.

— Pauvre petite abeille, dit alors le prince, je sais combien il est dur d'être prisonnier. Attends, je vais te délivrer.

Et il dégagea avec précaution l'insecte du piège dans lequel il s'était précipité lui rendant ainsi sa liberté. Avant de quitter la cage, la petite abeille tournoya trois fois autour de sa tête, comme si elle voulait le remercier. Puis elle disparut d'un vol rapide.

Un jour, tandis que le roi était à la chasse et que la reine sommeillait, la princesse lança sans le vouloir la balle avec laquelle elle jouait dans la cage. Cette balle, faite de minces fils d'or, était aussi légère qu'un oiseau et si jolie qu'elle en était devenue le jeu préféré de la jeune fille. L'homme des bois la ramassa et la regarda.

— Rends-moi ma balle, cria la princesse.

Mais pour toute réponse, il secoua la tête sans un mot. Elle eut beau pleurer, supplier, menacer, le prince ne se laissa pas fléchir. Au bout d'un long moment, il lui dit :

— Si tu ouvres ma cage et que tu me laisses sortir, je te rendrai ta balle.

— Mais je n'ai pas le droit, sanglota la princesse. C'est ma mère qui a la clef, et la colère de mon père serait terrible si je te laissais sortir.

— Alors tu n'auras pas ta balle, reprit l'homme des bois.

— Je me plaindrai à mon père, et il saura bien te contraindre, ragea la princesse.

— Fais-le donc, reprit le prince, et je mettrais ta balle en si petits morceaux que jamais tu ne la reverras.

La princesse partit alors en courant jusqu'à la chambre de sa mère qui était profondément endormie. Elle glissa doucement, tout doucement, sa main sous son oreiller, saisit le coffret, prit la clef et retourna vivement à la cage. L'échange se fit en un instant, la princesse retrouva sa balle et le prisonnier sa liberté. C'est alors que la princesse prit peur. Elle se précipita vers sa mère qui, entre-temps, s'était réveillée et avait constaté que la clef avait disparu. Mais il était trop tard, et les serviteurs lancés à la poursuite du prince ne purent le retrouver.

Il ne mit pas longtemps à regagner son pays, et, après qu'il eut coupé ses cheveux et sa barbe, on le reconnut et il put monter sur le trône, son père étant mort pendant sa captivité.

Et il partit à la tête de ses troupes sans imaginer que le jeune roi l'attaquerait et le ferait prisonnier à son tour. Jeté en travers d'un cheval, il fut conduit sans plus de ménagements au château de son vainqueur où il se vit bientôt enfermé dans une cage. Là il fut traité comme il avait naguère traité l'homme des bois.

Lorsque sa barbe et ses cheveux eurent poussé plus que ne le veut l'usage et que ses vêtements furent tombés en lambeaux, le jeune roi s'approcha de ses barreaux pour prendre de ses nouvelles.

— Ne te moque pas, dit alors le prisonnier. Dis-moi plutôt ce que tu veux contre ma liberté.

— C'est facile, répondit le jeune roi. Un jour, tu as gardé en captivité un homme des bois et ta fille l'a délivré. Si tu la lui donnes pour femme, je te libérerais.

Le vieux roi ne reconnut pas son geôlier car il était maintenant beau et soigné et sa voix avait retrouvé son timbre clair d'antan. Il écrivit alors à la reine pour lui raconter ses mésaventures. Mais il lui ordonna de remplacer sa fille par une dame d'honneur, car il ne voulait pas que la princesse épousât l'homme des bois.

Lorsque le père de la princesse revint de la chasse, il apprit la nouvelle avec colère.

— Vous n'êtes que des bons à rien, dit-il à ses serviteurs. La forêt n'est pas si grande qu'on ne puisse le rattraper.

La reine choisit donc parmi ses suivantes celle qui ressemblait le plus à sa fille et la dépêcha au jeune roi après l'avoir vêtue et parée comme une princesse. Il faut avouer qu'elle était merveilleusement belle, si belle qu'elle aurait pu tromper le jeune homme. Mais quand le jeune homme lui fit boire du vin, aucun scintillement ne transparut au travers de sa gorge. Le jeune roi s'aperçut de la supercherie et renvoya la dame.

Le vieux roi dut donc se résigner à faire venir sa propre fille. La reine l'accompagna, entourée de toute sa cour. Et c'est un long cortège de carrosses et de chevaux qui se présenta devant le château où était enfermé le vieux roi. Auprès de la princesse se tenait une petite abeille que personne n'avait réussi à chasser. Elle bourdonnait autour de la bouche et du visage de la jeune fille tant et si bien que sa mère lui dit :

— Elle sent le miel que tu as mangé au petit déjeuner. Je vais demander à un de nos serviteurs de l'écraser.

— Laisse-donc, chère mère, répondit la princesse. Si seulement elle pouvait me défigurer au point que l'homme des bois ne veuille plus de moi !

Entendant ces mots, l'abeille disparut et vint se poser sans que nul ne la vit sur l'essieu arrière de la voiture. Et c'est dans cet équipage qu'ils arrivèrent au château du jeune roi.

Quand celui-ci aperçut la princesse, il la trouva encore plus belle

et plus charmante que lorsqu'il l'avait vue pour la première fois et il eut grande envie de lui dire qui il était. Mais il se contint, et lorsque la princesse lui demanda de voir son père, il refusa, lui disant qu'elle devait auparavant donner son consentement à l'homme des bois.

La reine remarqua cependant combien le jeune roi se plaisait à regarder sa fille. Elle reprit espoir, pensant qu'un si charmant jeune homme ne laisserait pas la princesse épouser n'importe qui sans éprouver ses sentiments au préalable. Elle proposa donc au roi l'épreuve suivante : l'homme des bois devrait reconnaître la princesse parmi douze dames d'honneur dissimulées derrière leurs voiles. S'il réussissait avant le coucher du soleil, il épouserait la princesse, sinon, le vieux roi retrouverait sa liberté sur le champ.

Le jeune roi accepta l'épreuve et ordonna que l'on apprêtât la grande salle du château au plus vite car il n'en pouvait plus d'attendre. Il se disait qu'il n'aurait guère de peine à reconnaître la princesse parmi ses suivantes rien qu'à sa silhouette et à son maintien. Puis il se retira dans ses appartements, se fit poser une barbe et une perruque et revêtit de vieux habits tout déchirés. Il était ainsi méconnaissable quand il pénétra dans la grande salle.

La reine s'y tenait déjà. Devant elle, assises sur douze chaises dorées, douze dames d'honneur portaient douze robes identiques et dissimulaient leurs visages derrière douze voiles si épais qu'on ne parvenait pas à distinguer leurs traits. Chacune ressemblait étrangement à sa voisine. En voyant l'homme des bois, la reine frissonna, puis se ressaisit et dit d'une voix forte :

— A toi de trouver, maintenant... si tu le peux !

C'est alors que le jeune roi se rendit compte de la difficulté de

l'épreuve. Il se tint longuement devant chacune des femmes, les observa de tous côtés, mais ne put arriver à distinguer laquelle était la princesse. Il essaya de les amuser, pensant que celle qu'il recherchait n'avait pas le cœur à sourire et qu'il pourrait ainsi la reconnaître. Mais aucune d'entre elles n'osa desserrer les lèvres de peur du courroux de la reine. Les heures passaient et le soleil allait bientôt disparaître derrière l'horizon quand une abeille pénétra dans la salle par la fenêtre ouverte et se mit à voleter autour des visages voilés. Puis elle s'arrêta devant l'un d'eux sans cesser de bourdonner. Et lorsque la reine voulut la chasser, elle revint à nouveau. Le roi comprenant que l'abeille voulait l'aider, s'exclama :

— Celle-ci est la princesse.

Il lui enleva son voile et découvrit effectivement la princesse dans toute sa beauté. Celle-ci fut secouée de sanglots quand elle vit l'homme des bois et se jeta à ses pieds lui demandant de l'épargner.

Alors le jeune roi arracha sa barbe et sa perruque, laissa tomber ses haillons et parut à tous dans la splendeur de ses habits royaux. Puis il ordonnât qu'on alla chercher dans son cachot le père de la princesse.

Le soir, on fêta les fiançailles et le mois suivant les noces, car c'était

maintenant la princesse qui ne pouvait plus attendre. Ils vécurent très heureux, mais lorsque les soucis du roi lui faisait oublier de se couper les cheveux, ne serait-ce qu'une journée, la jeune reine lui disait :

— Je n'ai pas épousé un homme des bois !

Et elle faisait bien vite venir le coiffeur.

La princesse Rosette
Conte de Madame d'Aulnoy

Il était une fois un roi et une reine qui avaient deux beaux garçons : ils croissaient comme le jour, tant ils se faisaient bien nourrir. La reine n'avait jamais d'enfant qu'elle n'envoyât convier les fées à leur naissance; elle les priait toujours de lui dire ce qui leur devait arriver.

Elle donna naissance à une belle petite fille, qui était si jolie, qu'on ne la pouvait voir sans l'aimer. La reine ayant bien régalé toutes les fées qui étaient venues la voir, quand elles furent prêtes à s'en aller, elle leur dit :

— N'oubliez pas votre bonne coutume et dites-moi ce qui arrivera à Rosette. (C'est ainsi que l'on appelait la petite princesse.)

Les fées lui dirent qu'elles avaient oublié leur grimoire à la maison, qu'elles reviendraient une autre fois la voir.

— Ah! dit la reine, cela ne m'annonce rien de bon; vous ne voulez pas m'affliger par une mauvaise prédiction. Mais, je vous en prie, que je sache tout; ne me cachez rien.

Elles s'en excusaient bien fort, et la reine avait encore bien plus envie de savoir ce que c'était. Enfin, la plus jeune des fées lui dit :

— Nous craignons, madame, que Rosette ne cause un grand malheur à ses frères; qu'ils ne meurent dans quelque affaire pour elle. Voilà tout ce que nous pouvons deviner sur cette belle petite fille : nous sommes bien fâchées de n'avoir pas de meilleures nouvelles à vous apprendre.

Elles s'en allèrent; et la reine resta si triste, si triste, que le roi s'en aperçut à sa mine. Il lui demanda ce qu'elle avait : elle répondit qu'elle s'était approchée trop près du feu, et qu'elle avait brûlé tout le lin qui était sur sa quenouille.

— N'est-ce que cela ? dit le roi.

Il monta dans son grenier et lui apporta plus de lin qu'elle n'en pouvait filer en cent ans.

La reine continua d'être triste : il lui demanda ce qu'elle avait. Elle lui dit qu'étant au bord de la rivière, elle avait laissé tomber sa pantoufle de satin vert dans le cours d'eau.

— N'est-ce que cela ? dit le roi.

Il envoya quérir tous les cordonniers de son royaume, et apporta dix mille pantoufles de satin vert à la reine.

Celle-ci continua d'être triste : il lui demanda ce qu'elle avait. Elle lui dit qu'en mangeant de trop bon appétit, elle avait avalé sa bague de noce, qui était à son doigt. Le roi découvrit qu'elle mentait car il avait caché cette bague, et lui dit :

— Ma chère femme, vous mentez ! voilà votre bague que j'ai cachée dans ma bourse.

Dame ! elle fut bien attrapée d'être prise à mentir (car c'est la chose la plus laide du monde), et elle vit que le roi boudait. C'est pourquoi elle lui dit ce que les fées avaient prédit de la petite Rosette, et que s'il savait quelque bon remède, il le dît.

Le roi s'attrista beaucoup. Il avoua enfin à la reine :

— Je ne sais point d'autre moyen de sauver nos deux fils, qu'en faisant mourir Rosette.

Mais la reine s'écria qu'elle n'y survivrait pas.

On apprit cependant à la reine qu'il y avait dans un grand bois un vieil ermite, qui couchait dans le tronc d'un arbre, que l'on allait consulter de partout. « Il faut que j'y aille aussi, dit la reine, les fées m'ont annoncé le mal, mais elles ont oublié le remède. »

Elle monta de bon matin sur une belle petite mule blanche, toute ferrée d'or, avec deux de ses demoiselles, qui avaient chacune un joli cheval. Quand elles furent auprès du bois, la reine et ses demoiselles descendirent de cheval et se rendirent à l'arbre où l'ermite demeurait. Il n'aimait guère voir des femmes ; mais quand il reconnut la reine il lui dit :

— Soyez la bienvenue ! Que me voulez-vous ?

Elle lui conta ce que les fées avaient dit de Rosette, et lui demanda conseil. Il lui répondit qu'il fallait cacher la princesse dans une tour, sans qu'elle en sortît jamais. La reine le remercia, lui fit une bonne aumône, et revint tout raconter au roi.

Quand le roi sut ces nouvelles, il fit rapidement bâtir une grosse tour. Il y mit sa fille et, pour qu'elle ne s'ennuyât point, le roi, la reine et les deux frères allaient la voir tous les jours.

L'aîné s'appelait le grand prince, et le cadet, le petit prince. Ils aimaient leur sœur passionnément car elle était la plus belle et la plus gracieuse que l'on eût jamais vue, et le moindre de ses regards valait mieux que cent pistoles.

Quand elle eut quinze ans, le grand prince dit au roi :

— Ma sœur est assez grande pour être mariée : n'irons-nous pas bientôt à la noce ?

Le petite prince en dit autant à la reine, mais Leurs Majestés leur firent des réponses évasives.

Mais le roi et la reine tombèrent malades. Ils moururent tous deux le même jour.

La cour s'habilla de noir, et l'on sonna les cloches partout. Rosette

Le roi et son frère décidèrent : « A présent que nous sommes les maîtres, il faut retirer notre sœur de la tour où elle s'ennuie depuis longtemps. » Ils n'eurent qu'à traverser le jardin pour aller à la tour, qu'on avait bâtie la plus haute que l'on avait pu car le roi et la reine défunts voulaient qu'elle y demeurât toujours.

Rosette brodait une belle robe sur un métier qui était là devant elle; mais quand elle vit ses frères, elle se leva et prit la main du roi, lui disant :

— Bonjour, sire ! Vous êtes à présent le roi, et moi votre petite servante. Je vous prie de me retirer de la tour où je m'ennuie fort.

Et, là-dessus, elle se mit à pleurer. Le roi l'embrassa, et lui dit de ne point pleurer; qu'il venait pour l'ôter de la tour, et la mener dans un beau château. Le prince avait ses poches pleines de dragées, qu'il donna à Rosette.

— Allons, lui dit-il, sortons de cette vilaine tour ! Le roi te mariera bientôt ! Ne t'afflige point !

Quand Rosette vit le beau jardin tout rempli de fleurs, de fruits, de fontaines, elle demeura si étonnée qu'elle ne pouvait pas dire un mot, car elle n'avait encore jamais rien vu d'aussi beau. Elle regardait de tous côtés; elle marchait, elle s'arrêtait; elle cueillait des fruits sur les arbres, et des fleurs dans le parterre :

était inconsolable de la mort de sa maman.

Quand le roi et la reine eurent été enterrés, les marquis et les ducs du royaume firent monter le grand prince sur un trône d'or et de diamants, avec une belle couronne sur sa tête, et des habits de velours violet, chamarrés de soleils et de lunes. Et puis toute la cour cria trois fois : « Vive le roi ! » L'on ne songea plus qu'à se réjouir.

son petit chien, appelé Frétillon, qui était vert comme un perroquet, qui n'avait qu'une oreille, et qui dansait à ravir, allait devant elle, faisant jap, jap, jap, avec mille sauts et mille cabrioles.

Frétillon réjouissait fort la compagnie. Il se mit tout d'un coup à courir dans un petit bois. La princesse le suivit et fut émerveillée de voir, dans ce bois, un grand paon qui faisait la roue et qui lui parut si beau, si beau, qu'elle n'en pouvait détourner ses yeux.

Le roi et le prince arrivèrent auprès d'elle, et lui demandèrent à quoi elle s'amusait. Elle leur montra le paon, et leur demanda ce que c'était que cela. Ils lui dirent que c'était un oiseau dont on mangeait quelquefois.

— Quoi ! dit-elle, on ose tuer un si bel oiseau, et le manger ? Je vous déclare que je ne me marierai jamais qu'au roi des paons, et quand j'en serai la reine, j'empêcherai bien que l'on en mange.

L'on ne peut dire l'étonnement du roi.

— Mais, ma sœur, lui dit-il, où

voulez-vous que nous trouvions le roi des paons ?

— Où il vous plaira, sire ! Mais je ne me marierai qu'à lui !

Après avoir pris cette résolution, les deux frères la conduisirent à leur château, où il fallut apporter le paon, et le mettre dans sa chambre. Les dames qui n'avaient pas encore vu Rosette, accoururent pour la saluer : les unes lui apportèrent des confitures, les autres du sucre ; les autres des robes d'or, de beaux rubans, des poupées, des souliers en broderie, des perles, des diamants.

Pendant qu'elle causait avec des amis, le roi et le prince songeaient à trouver le roi des paons, s'il y en avait un au monde. Ils s'avisèrent qu'il fallait faire un portrait de la princesse Rosette ; et ils le firent faire si beau, qu'il ne lui manquait que la parole et lui dirent :

— Puisque vous ne voulez épouser que le roi des paons, nous allons partir ensemble, et nous irons le

chercher par toute la terre. Prenez soin de notre royaume en attendant que nous revenions.

Rosette les remercia de la peine qu'ils prenaient; elle leur dit qu'elle gouvernerait bien le royaume, et qu'en leur absence tout son plaisir serait de regarder le beau paon et de faire danser Frétillon. Ils ne purent s'empêcher de pleurer en se disant adieu.

Voilà les deux princes partis, qui demandaient à tout le monde :

— Ne connaissez-vous point le roi des paons ?

— Non, non !

Ils passaient et allaient encore plus loin. Comme cela, ils allèrent si loin, si loin, que personne n'a jamais été si loin.

Ils arrivèrent au royaume des hannetons : il ne s'en est point encore tant vu; ceux-ci faisaient un si grand bourdonnement que le roi avait peur de devenir sourd. Il demanda à celui qui lui parut le plus

raisonnable s'il ne savait point en quel endroit il pourrait trouver le roi des paons.

— Sire, lui dit le hanneton, son royaume est à trente mille lieues d'ici. Vous avez pris le plus long chemin pour y aller.

— Et comment savez-vous cela ? dit le roi.

— C'est, répondit le hanneton, que nous vous connaissons bien, et que nous allons tous les ans passer deux ou trois mois dans vos jardins.

Voilà le roi et son frère qui prirent le hanneton bras dessus, bras dessous : en guise d'amitié, ils dînèrent ensemble. Ils virent avec admiration toutes les curiosités de ce pays-là, où la plus petite feuille d'arbre vaut une pistole. Après cela, ils partirent pour achever leur voyage, et comme ils savaient le chemin, ils ne mirent pas longtemps. Ils voyaient tous les arbres chargés de paons, et tout en était si rempli qu'on les entendait crier et parler de deux lieues.

Le roi disait à son frère :

— Si le roi des paons est un paon lui-même, comment notre sœur prétend-elle l'épouser ? Il faudrait être fou pour y consentir. Voyez la belle alliance qu'elle nous donnerait, des petits paonneaux pour neveux.

Le prince n'était pas moins en peine :

— C'est là, dit-il, une malheureuse fantaisie qui lui est venue dans l'esprit. Je ne sais où elle a été deviner qu'il y a dans le monde un roi des paons.

Quand ils arrivèrent à la grande ville, ils virent qu'elle était pleine d'hommes et de femmes, mais qui

avaient des habits faits de plumes de paon, et qu'ils en mettaient partout comme une fort belle chose. Ils rencontrèrent le roi qui allait se promener dans un beau petit carrosse d'or et de diamants, que douze paons menaient à toute bride. Ce roi des paons était si beau, si beau, que le roi et le prince en furent charmés : il avait de longs cheveux blonds et frisés, le visage blanc, une couronne de queue de paon. Quand il les vit, il jugea que puisqu'ils avaient des habits d'une autre façon que les gens du pays, il fallait qu'ils fussent étrangers ; et pour le savoir, il arrêta son carrosse, et les fit appeler.

Le roi et le prince vinrent à lui. Ayant fait la révérence, ils lui dirent :

— Sire, nous venons de bien loin pour vous montrer un beau portrait.

Ils tirèrent de leur valise le grand portrait de Rosette. Lorsque le roi des paons l'eut bien regardé :

— Je ne peux croire, dit-il, qu'il

y ait au monde une si belle fille !

— Elle est encore cent fois plus belle, dit le roi.

— Ah ! vous vous moquez, répliqua le roi des paons.

— Sire, dit le prince, voilà mon frère qui est roi comme vous. Notre sœur, dont voici le portrait, est la princesse Rosette : nous venons vous demander si vous voulez l'épouser ; elle est belle et bien sage, et nous lui donnerons un boisseau d'écus d'or.

— Oui, dit le roi, je l'épouserai de bon cœur. Elle ne manquera de rien avec moi, je l'aimerai beaucoup : mais je vous assure que je veux qu'elle soit aussi belle que son portrait, sinon, je vous ferai mourir.

— Eh bien, nous y consentons, dirent les deux frères de Rosette.

— Vous y consentez ? ajouta le roi. Allez donc en prison, et restez-y jusqu'à ce que la princesse soit arrivée.

Les princes le firent sans difficulté, car ils étaient bien certains que Rosette était plus belle que son portrait.

Lorsqu'ils furent dans la prison, le roi allait les voir souvent et il avait dans son château le portrait de Rosette, dont il était si fou qu'il ne dormait ni jour, ni nuit. Comme le roi et son frère étaient en prison, ils écrivirent par la poste à la princesse de faire rapidement sa malle et de venir le plus vite possible parce que, enfin, le roi des paons l'attendait. Ils ne lui dirent pas qu'ils étaient prisonniers, de peur de l'inquiéter trop.

Quand elle reçut cette lettre, elle fut tellement transportée qu'elle pensa en mourir. Elle dit à tout le monde que le roi des paons était trouvé, et qu'il voulait l'épouser. On alluma des feux de joie, on tira le canon ; l'on mangea des dragées et du sucre partout.

Elle laissa ses belles poupées à ses amies, et le royaume de son frère entre les mains des plus sages vieillards de la ville. Elle leur recommanda bien de prendre soin de tout, de ne guère dépenser, d'amasser de l'argent pour le retour du roi ; elle les pria de conserver son paon, et ne voulut emmener avec elle que sa nourrice et sa sœur de lait, avec le petit chien vert Frétillon.

Elles se mirent dans un bateau sur la mer. Elles portaient le boisseau d'écus d'or et des habits pour dix ans, à en changer deux fois par jour. Elles ne faisaient que rire et chanter. La nourrice demandait au batelier :

— Approchons-nous, approchons-nous du royaume des paons ?

Il lui disait :

— Non, non !

Une autre fois elle lui demandait :

— Approchons-nous, approchons-nous ?

Il lui disait :

— Bientôt, bientôt.

Une autre fois elle lui dit :

— Approchons-nous, approchons-nous ?

Il répliqua :

— Oui, oui.

Et quand il eut dit cela, elle se mit au bout du bateau, assise auprès de lui, et lui dit :

— Si tu veux, tu seras riche à jamais.

Il répondit :

— Je le veux bien !

Elle continua :

— Si tu veux, tu gagneras de bonnes pistoles.

Il répondit :

— Je ne demande pas mieux.

— Eh bien, dit-elle, il faut que cette nuit, pendant que la princesse dormira, tu m'aides à la jeter dans la mer. Après qu'elle sera noyée, j'habillerai ma fille de ses beaux habits, et nous la mènerons au roi des paons qui sera bien aise de l'épouser ; et, pour ta récompense, nous te donnerons plein de diamants.

Le batelier fut bien étonné de ce que lui proposait la nourrice ; il lui dit que c'était dommage de noyer une si belle princesse, qu'elle lui faisait pitié : mais elle prit une bouteille de vin, et le fit tant boire qu'il ne savait plus rien lui refuser.

La nuit étant venue, la princesse se coucha : son petit Frétillon était joliment couché au fond du lit, sans remuer ni pieds, ni pattes. Rosette dormait à poings fermés, quand la méchante nourrice, qui ne dormait pas, s'en alla quérir le batelier. Elle le fit entrer dans la chambre de la princesse ; puis, sans la réveiller, ils la prirent avec son lit de plume, son matelas, ses draps, ses couvertures. La sœur de lait les aidait de toutes ses forces. Ils jetèrent le tout à la mer ; et la princesse dormait de si bon sommeil, qu'elle ne se réveilla point.

Mais ce qu'il y eut d'heureux, c'est que son lit de plume était fait de plumes de phénix, qui sont fort rares, et qui ont cette propriété qu'elles ne vont jamais au fond de l'eau ; de sorte qu'elle nageait dans son lit, comme si elle eût été dans un bateau.

L'eau pourtant mouillait peu à peu son lit de plume, puis le matelas ; et Rosette, sentant de l'eau, eut peur d'avoir fait pipi au dodo, et d'être grondée.

Comme elle se tournait d'un côté sur l'autre, Frétillon s'éveilla. Il avait le nez excellent ; il sentait les soles et les morues de si près, qu'il se mit à japper, à japper, tant qu'il éveilla tous les autres poissons.

Ils commencèrent à nager : les gros poissons donnaient de la tête contre le lit de la princesse, qui ne tenant à rien, tournait et retournait comme une pirouette. Dame, elle était bien étonnée !

— Est-ce que notre bateau danse sur l'eau ? disait-elle. Je n'ai jamais été aussi mal à mon aise que cette nuit.

Et toujours Frétillon qui jappait, et qui faisait une vie de désespéré. La méchante nourrice et le batelier l'entendaient de bien loin, et disaient :

— Voilà ce petit drôle de chien qui boit avec sa maîtresse à notre santé. Dépêchons-nous d'arriver ! Car ils étaient tout près de la ville du roi des paons.

Il avait envoyé au bord de la mer cent carrosses tirés par toutes sortes de bêtes rares : il y avait des lions, des ours, des cerfs, des loups, des chevaux, des bœufs, des ânes, des aigles, des paons. Le carrosse où la princesse Rosette devait prendre place était traîné par six singes bleus, qui sautaient, qui dansaient sur la corde, qui faisaient mille tours agréables : ils avaient de beaux harnais de velours cramoisi, avec des plaques d'or. On voyait soixante jeunes demoiselles que le roi avait choisies pour la divertir. Elles étaient habillées de toutes sortes de couleurs, et l'or et l'argent étaient la moindre chose.

La nourrice avait pris grand soin de parer sa fille; elle lui mit les diamants de Rosette à la tête et partout, ainsi que sa plus belle robe : mais elle était avec ses ajustements plus laide qu'une guenon, ses cheveux d'un noir gras, les yeux de travers, les jambes tordues, une grosse bosse au milieu du dos, de méchante humeur et maussade, qui grognait toujours.

Quand tous les gens du roi des paons la virent sortir du bateau, ils demeurèrent si surpris, qu'ils ne pouvaient parler.

— Qu'est-ce que cela ? dit-elle. Est-ce que vous dormez ? Allons, allons, que l'on m'apporte à manger ! Vous êtes de bonnes canailles, je vous ferai tous pendre !

A cette nouvelle, ils se disaient :

— Quelle vilaine bête ! Elle est aussi méchante que laide. Voilà notre roi bien marié, je ne m'étonne point; ce n'était pas la peine de la faire venir du bout du monde.

Elle faisait toujours la maîtresse, et pour moins que rien elle donnait des soufflets et des coups de poing à tout le monde.

Comme son équipage était fort grand, elle allait doucement. Elle se carrait comme une reine dans son carrosse.

Mais tous les paons qui s'étaient mis sur les arbres pour la saluer en passant, et qui avaient résolu de crier :

— Vive la belle reine Rosette !, quand ils l'aperçurent si horrible, ils criaient :

— Fi, fi, qu'elle est laide !

Elle enrageait de dépit, et disait à ses gardes :

— Tuez ces coquins de paons qui me chantent injures.

Les paons s'envolaient bien vite et se moquaient d'elle.

Le fripon de batelier, qui voyait tout cela, disait tout bas à la nourrice :

— Commère, nous ne sommes pas bien ; votre fille devrait être plus jolie.

Elle lui répondit :

— Tais-toi étourdi, tu nous porteras malheur.

L'on alla avertir le roi que la princesse approchait.

— Eh bien, dit-il, ses frères m'ont-ils dit vrai ? Est-elle plus belle que son portrait ?

— Sire, dit-on, c'est bien assez qu'elle soit aussi belle.

— Oui, dit le roi, j'en serai bien content : allons la voir !

Car il entendit, par le grand bruit que l'on faisait dans la cour, qu'elle arrivait, et il ne pouvait rien distinguer de ce que l'on disait, sinon :

— Fi, fi, qu'elle est laide !

Il crut qu'on parlait de quelque naine ou de quelque bête qu'elle avait peut-être amenée avec elle, car il ne pouvait lui entrer dans l'esprit que ce fut effectivement de la jeune fille.

L'on portait le portrait de Rosette au bout d'un grand bâton tout découvert, et le roi marchait gravement après, avec tous ses barons et tous ses paons, puis les ambassadeurs des royaumes voisins. Le roi des paons était impatient de voir sa chère Rosette. Dame ! quand il l'aperçut, il faillit mourir sur place; il se mit dans la plus grande colère du monde; il déchira ses habits; il ne voulait pas l'approcher : elle lui faisait peur.

— Comment, dit-il, ces deux marauds que je tiens dans mes prisons ont bien de la hardiesse de s'être moqués de moi et de m'avoir proposé d'épouser une magotte comme cela : je les ferai mourir. Allons, que l'on enferme tout à l'heure cette pimbêche, sa nourrice et celui qui les amène ! Qu'on les mette au fond de ma grande tour !

D'un autre côté, le roi et son frère, qui étaient prisonniers, et qui savaient que leur sœur allait arriver, s'étaient habillés de beau pour la recevoir. Au lieu de venir ouvrir la prison, et les mettre en liberté ainsi qu'ils l'espéraient, le geôlier vint avec des soldats et les fit descendre dans une cave toute noire, pleine de vilaines bêtes, où ils avaient de l'eau jusqu'au cou.

— Hélas ! se disaient-ils l'un à l'autre, voilà de tristes noces pour nous. Qu'est-ce qui peut nous procurer un si grand malheur ?

Ils ne savaient au monde que penser, sinon qu'on voulait les faire mourir.

Trois jours se passèrent sans qu'ils

entendissent parler de rien. Au bout de trois jours, le roi des paons vint leur dire des injures par un trou.

— Vous avez pris le titre de roi et de prince, leur cria-t-il, pour m'attraper et pour m'engager à épouser votre sœur ! Mais vous n'êtes tous deux que des gueux, qui ne valez pas l'eau que vous buvez. Je vais envoyer des juges qui feront bien vite votre procès. L'on file déjà la corde dont je vous ferai pendre.

— Roi des paons, répondit le roi en colère, n'allez pas si vite dans cette affaire, car vous pourriez vous en repentir. Je suis roi comme vous ; j'ai un beau royaume, des habits et des couronnes, et de bons écus ; j'y mangerais jusqu'à ma chemise.

— Ho, ho, vous êtes plaisant de nous vouloir pendre ! est-ce que nous avons volé quelque chose ?

Quand le roi l'entendit parler si résolument, il ne savait où il en était, et il avait quelquefois envie de les laisser partir avec leur sœur sans les faire mourir. Mais son confident, qui était un vrai flatteur, l'encouragea, lui disant que s'il ne se vengeait pas, tout le monde se moquerait de lui, et qu'on le prendrait pour un petit roitelet de quatre deniers. Il jura de ne leur point pardonner, et il ordonna que l'on fit leur procès. Cela ne dura guère : il n'y eut qu'à voir le portrait de la véritable princesse Rosette auprès de celle qui était venue, et qui prétendait l'être,

de sorte qu'on les condamna d'avoir le cou coupé, comme étant menteurs, puisqu'ils avaient promis une belle princesse au roi, et qu'ils ne lui avaient donné qu'une laide paysanne.

L'on alla à la prison leur lire cet arrêt; et ils s'écrièrent qu'ils n'avaient point menti; que leur sœur était princesse, et plus belle que le jour; qu'il y avait quelque chose là-dessous qu'ils ne comprenaient pas, et qu'ils demandaient encore sept jours avant qu'on les fît mourir; que peut-être pendant ce temps leur innocence serait reconnue. Le roi des paons, qui était fort en colère, eut beaucoup de peine à accorder cette grâce; mais enfin il le voulut bien.

Pendant que toutes ces affaires se passaient à la cour, il faut dire quelque chose de la pauvre princesse Rosette. Dès qu'il fit jour, elle demeura bien étonnée, et Frétillon aussi, de se voir au milieu de la mer sans bateau et sans secours. Elle se prit à pleurer, à pleurer tant et tant, qu'elle faisait pitié à tous les poissons. Elle ne savait que faire, ni que devenir.

— Assurément, disait-elle, j'ai été jetée dans la mer par l'ordre du roi des paons; il s'est repenti de m'épouser, et pour se défaire de moi, il m'a fait noyer. Voilà un étrange homme, continua-t-elle. Je l'aurais tant aimé ! Nous aurions fait si bon ménage ! Là-dessus elle pleurait plus fort, car elle ne pouvait s'empêcher de l'aimer.

Elle demeura deux jours ainsi, flottant d'un côté et de l'autre de la mer, mouillée jusqu'aux os, enrhumée à mourir, et presque transie. Si ce n'avait été le petit Frétillon qui lui réchauffait un peu le cœur, elle serait morte cent fois.

Elle avait une faim épouvantable; elle vit des huîtres à l'écaille; elle en prit autant qu'elle en voulut, et elle en mangea. Frétillon ne les aimait guère; il fallut pourtant bien qu'il s'en nourrit. Quand la nuit venait, une grande peur prenait Rosette, et elle disait à son chien :

— Frétillon, jappe toujours, de crainte que les soles ne nous mangent.

Il avait jappé toute la nuit, et le lit de la princesse n'était pas bien loin du bord de l'eau. En ce lieu-là, il y avait un bon vieillard qui vivait tout seul dans une petite chaumière où personne n'allait jamais : il était fort pauvre, et ne se souciait pas des biens du monde. Quand il entendit japper Frétillon, il fut tout étonné car il ne passait guère de chiens par là. Il crut que quelques voyageurs s'étaient égarés. Il sortit pour les remettre charitablement dans leur

chemin. Tout d'un coup, il aperçut la princesse et Frétillon qui nageaient sur la mer; et la princesse, le voyant, lui tendit les bras et lui cria :

— Bon vieillard, sauvez-moi, car je périrai ici; il y a deux jours que je languis.

Lorsqu'il l'entendit parler si tristement, il en eut pitié, et rentra dans sa maison pour prendre un long crochet. Il s'avança dans l'eau jusqu'au cou, et pensa deux ou trois fois être noyé. Enfin il tira tant qu'il amena le lit jusqu'au bord de l'eau. Rosette et Frétillon furent bien aise d'être sur la terre. Elle remercia bien fort le bonhomme, et prit sa couverture dont elle s'enveloppa. Puis, toute nu-pieds, elle entra dans la chaumière, où il lui alluma un petit feu de paille sèche, et tira de son coffre le plus bel habit de feu sa femme, avec des bas et des souliers dont la princesse s'habilla. Ainsi vêtue en paysanne, elle était belle comme le jour, et Frétillon dansait autour d'elle pour la divertir.

Le vieillard voyait bien que Rosette était quelque grande dame, car les couvertures de son lit étaient toutes d'or et d'argent, et son matelas de satin. Il la pria de lui conter son histoire, et qu'il n'en dirait mot si elle le souhaitait. Elle lui apprit tout d'un bout à l'autre, pleurant bien fort, car elle croyait toujours que c'était le roi des paons qui l'avait fait noyer.

— Comment ferons-nous, ma fille ? lui dit le vieillard. Vous êtes une si grande princesse, accoutumée à manger de bons morceaux, et moi je n'ai que du pain noir et des raves. Vous allez faire méchante chère, et si vous m'en vouliez croire, j'irais dire au roi des paons que vous êtes ici : certainement, s'il vous avait vue, il vous épouserait.

— Ah ! c'est un méchant, dit

Rosette, il me ferait mourir : mais si vous avez un petit panier, il faut l'attacher au cou de mon chien, et il y aurait bien du malheur s'il ne rapporte la provision.

Le vieillard donna un panier à la princesse; ele l'attacha au cou de Frétillon, et lui dit :

— Va-t'en au meilleur pot de la ville, et me rapporte ce qu'il y a dedans.

Frétillon court à la ville; comme il n'y avait point de meilleur pot que celui du roi, il entre dans sa cuisine, il découvre le pot, prend adroitement tout ce qui était dedans, et revient à la maison. Rosette lui dit :

— Retourne à l'office et prends ce qu'il y aura de meilleur.

Frétillon retourne à l'office, et prend du vin blanc, du vin muscat, toutes sortes de fruits et de confitures : il était si chargé qu'il n'en pouvait plus.

Quand le roi des paons voulut dîner, il n'y avait rien dans son pot ni dans son office. Chacun se regardait, et le roi était dans une colère horrible.

— Eh bien, dit-il, je ne dînerai donc point ! Mais que ce soir on mette la brioche au feu, et que j'aie de bons rôtis.

Le soir étant venu, la princesse dit à Frétillon :

— Va-t'en à la ville, entre dans la meilleure cuisine, et m'apporte de bons rôtis.

Frétillon fit comme sa maîtresse lui avait commandé, et ne sachant point de meilleure cuisine que celle du roi, il y entra tout doucement. Pendant que les cuisiniers avaient le dos tourné, il prit le rôti qui était à la broche; il avait une mine excellente et, à voir seulement, faisait appétit. Frétillon rapporta son panier plein à la princesse. Elle le renvoya aussitôt à l'office, et il apporta toutes les compotes et les dragées du roi.

Le roi, qui n'avait pas dîné, ayant grand-faim, voulut souper de bonne heure; mais il n'y avait rien : il se mit dans une colère effroyable, et alla se coucher sans souper. Le

lendemain au dîner et au souper, il en fut de même; de sorte que le roi resta trois jours sans boire ni manger, parce que quand il allait se mettre à table, l'on trouvait que tout était pris.

Son confident fort en peine, craignant la mort du roi, se cacha dans un petit coin de la cuisine, et il avait toujours les yeux sur la marmite qui bouillait. Il fut bien étonné de voir entrer tout doucement un petit chien vert, qui n'avait qu'une oreille, qui découvrait le pot, et mettait la viande dans son panier. Il le suivit pour savoir où il irait; il le vit sortir de la ville. Le suivant toujours, il fut chez le bon vieillard. En même temps il vint tout conter au roi; que c'était chez un pauvre paysan que son bouilli et son rôti allaient soir et matin.

Le roi demeura bien étonné. Il demanda qu'on allât le chercher. Le confident, pour faire sa cour, y voulut aller lui-même et mena des archers : ils le trouvèrent qui dînait avec la princesse, mangeant le bouilli du roi. Il les fit prendre, et les attacha avec de grosses cordes, ainsi que Frétillon.

Quand ils furent arrivé, on alla prévenir le roi, qui répondit :

— C'est demain qu'expire le septième jour que j'ai accordé à ces affronteurs. Je les ferai mourir avec les voleurs de mon dîner.

Puis il entra dans sa salle de justice. Le vieillard se mit à genoux, et dit qu'il allait lui conter tout. Pendant qu'il parlait, le roi regardait la belle princesse, et il avait pitié de la voir pleurer. Puis quand le bonhomme eut déclaré que c'était elle qui se nommait la princesse Rosette, qu'on avait jetée dans la mer, malgré la faiblesse où il était d'avoir été si longtemps sans manger, il fit trois sauts tout de suite, et courut l'embrasser, et lui détacher les cordes dont elle était prisonnière, lui disant qu'il l'aimait de tout son cœur.

On fut en même temps quérir les princes, qui croyaient que c'était pour les faire mourir, et qui arrivèrent fort tristes, en baissant la tête. L'on alla de même quérir la nourrice et sa fille. Quand ils se virent, ils se reconnurent tous : Rosette sauta au cou de ses frères; la nourrice et sa fille, avec le batelier, se jetèrent à genoux et demandèrent grâce. La joie était si grande que le roi et la princesse leur pardonnèrent; et le bon vieillard fut récompensé largement : il demeura toujours dans le palais.

Enfin le roi des paons fit toute sorte de satisfaction au roi et à son frère, témoignant sa douleur de les avoir maltraités. La nourrice rendit à Rosette ses beaux habits et son boisseau d'écus d'or, et la noce dura quinze jours. Tous furent heureux, jusqu'à Frétillon, qui ne mangeait plus que des ailes de perdrix.

Le ciel veille pour nous, et lorsque l'innocence
Se trouve en un pressant danger,
Il sait embrasser sa défense,
La délivrer et la venger.
A voir la timide Rosette,
Ainsi qu'un Alcion, dans son petit berceau,
Au gré des vents voguer sur l'eau,
On sent en sa faveur une pitié secrète;
On craint qu'elle ne trouve une tragique fin
Au milieu des flots abîmée,
Et qu'elle n'aille faire un fort léger festin
A quelque baleine affamée.
Sans le secours du ciel, sans doute, elle eût péri.
Frétillon sut jouer son rôle
Contre la morue et la sole,
Et quand il s'agissait aussi
De nourrir sa chère maîtresse.
Il en est bien en ce temps-ci
Qui voudraient rencontrer des chiens de cette espèce!
Rosette, échappée au naufrage,
Aux auteurs de ses maux accorde le pardon.
O vous, à qui l'on fait outrage,
Qui voulez en tirer raison,
Apprenez qu'il est beau de pardonner l'offense,
Après que l'on a su vaincre ses ennemis,
Et qu'on en peut tirer une juste vengeance!
La vertu vous admire, et le crime pâlit.

La princesse Grenouille

Il était une fois un roi dont la femme mourut après avoir mis au monde trois fils. Le roi les fit venir et leur dit :

— Mes fils bien-aimés, écoutez-moi : que chacun d'entre vous prenne son arc et tire une flèche dans une direction différente. Là où vos flèches tomberont, entrez et voyez s'il y a une jeune fille en âge de se marier.

L'aîné décocha sa flèche qui tomba sur le manoir d'un seigneur, au pied de la tourelle qu'habitait sa fille. Quant à la flèche du second, elle s'abattit aux pieds de la fille d'un riche marchand. Restait le cadet. C'était le prince héritier, car dans ce pays la couronne se transmettait au plus jeune. Il tira, et sa flèche se planta au milieu d'une vilaine mare, juste devant une grenouille qui la saisit sans attendre.

L'incident amusa toute la cour sauf le roi qui somma son fils d'épouser l'animal.

— Quoi ? Devrais-je passer ma vie entière avec une telle compagne ? Comment pourrais-je alors fonder une famille ?

— Tel est ton destin, accepte-le ou redoute ma colère, lui dit le roi.

Et les trois frères se marièrent, l'aîné avec la fille du seigneur, le second avec celle du riche mar-

chand et le prince héritier Ivan avec la petite grenouille.

Peu de temps après, le roi convoqua ses trois fils et leur dit :

— Pour demain, chacune de vos trois épouses devra me cuire un pain blanc moelleux comme un gâteau.

Ivan regagna ses appartements désespéré. La petite grenouille sauta sur sa main et demanda :

— Mon bien-aimé, que t'a donc fait ton père pour que tu sois si affligé ?

— Il exige de toi d'ici demain un pain blanc aussi moelleux qu'un gâteau, répondit-il tristement. Il veut nous couvrir de honte devant toute la Cour !

— Ne te mets pas en peine, bon prince, dit la petite grenouille. Va dormir. La nuit porte conseil !

Elle fit préparer le lit du prince et lui servit une légère boisson pour l'aider à trouver le sommeil. Puis elle quitta son enveloppe de grenouille et se transforma en une jeune fille d'une beauté à nulle autre pareille. C'était la Princesse Vassilissia-la-Sage que son père, un jour de mauvaise humeur, avait transformé pour trois ans en grenouille. Elle se rendit devant son ancien palais et appela :

— Venez tous qui étiez jadis à mon service. Venez, j'ai besoin de vous !

Et tous d'obéir à cette voix si familière qui déjà leur ordonnait :

— Faites cuire trois miches de pain blanc aussi moelleuses que des gâteaux comme celles que nous mangions au palais de mon père les jours de fêtes !

A son réveil le prince trouva trois pains dorés à la perfection et magnifiquement décorés.

Le roi était impatient de voir ce qu'on allait lui présenter. Il ne jeta pas un regard sur les pains de ses deux premières belles-filles mais huma avec délice ceux de la petite grenouille. Il fit comme à regret un compliment au prince Ivan puis déclara :

— Chacune de vos femmes devra tisser d'ici demain avant le lever du jour un tapis de soie pour la salle du trône.

Les deux aînés rejoignirent leurs femmes en toute hâte et celles-ci œuvrèrent toute la nuit avec leurs servantes. Quant au prince Ivan, il ne voyait guère comment la petite grenouille pourrait satisfaire cette fois les lubies de son père. Il alla retrouver son épouse qui lui demanda :

— Qu'y a-t-il encore, bon prince ? Le roi n'est-il pas heureux de mes pains ?

— Comment ne pas être désespéré ! s'exclama le prince. Mon père nous impose des épreuves de plus en plus difficiles. A quoi bon tenter de les résoudre ! De toute façon je perdrai mes droits à la couronne !

— Et que veut donc Sa Majesté de ses belles-filles ? demanda la grenouille.

— Cette nuit même, chacune de vous devra tisser un tapis de soie pour la salle du trône, répondit le prince.

— Va, couche-toi, et ne t'inquiète plus de rien. La nuit porte conseil.

Alors elle redevint Vassilissia-la-Sage, se rendit devant le palais de son père et appela :

— Venez vous tous qui étiez à mon service, venez, j'ai besoin de vous.

Et tous d'obéir à cette voix si familière qui déjà leur ordonnait :

— Allez chercher des fils de soie de toutes couleurs et tissez-moi avant demain le plus beau des tapis !

Le lendemain à son réveil, le prince Ivan trouva au pied de son lit un tapis comme il n'en avait jamais vu. Le souverain n'accorda pas un regard aux tapis que les deux autres belles-filles avaient péniblement tissés et, sans tenir compte de la petite grenouille, remercia le prince héritier. Puis il fit part de sa nouvelle exigence : le lendemain ses fils devaient se présenter à la cour avec leurs épouses pour parler de la succession du trône.

— Cette fois c'est bien fini, dit le prince Ivan à la petite grenouille. Le roi veut que tu assistes au bal qu'il donnera à la Cour demain. N'y allons pas, je t'en conjure, cela vaudra mieux !

— Nenni, mon prince bien-aimé. Tu ne peux irriter ton père par ta désobéissance, répondit la petite grenouille. Tu iras et tu diras que ta femme ne tardera pas à te rejoindre.

— Mais que comptes-tu faire ? demanda le prince.

— C'est une surprise, dit la petite grenouille. Il y aura juste un peu de tonnerre et quelques éclairs, mais il ne faudra pas t'en inquiéter. Tout ira bien.

Le lendemain, tous se retrouvèrent au palais. Les deux frères aînés et leurs épouses qui avaient passé leurs plus belles robes, et le prince Ivan seul et désespéré.

— Quelque chose ne va pas, petit frère ? ricanèrent les deux aînés.

— Qu'as-tu fait de ta gentille petite femme ? Serait-elle tombée dans une mare, par hasard ?

A l'instant précis où le roi faisait son entrée, il y eut un éclair accompagné d'un effroyable coup de tonnerre. Chacun prit peur, mais Ivan dit calmement :

— Soyez sans crainte, mes amis ! c'est ma femme qui arrive, selon la volonté du roi.

Un carrosse doré tiré par six magnifiques chevaux s'arrêta aux portes du palais. Vassilissia-la-Sage en descendit. Elle s'inclina devant le roi, prit la main du prince Ivan et

ouvrit le bal. Chacun n'avait d'yeux que pour Vassilissia. La princesse dansait maintenant seule devant le roi qui la regardait fasciné. Soudain trois cygnes entrèrent dans le palais et se mirent à virevolter autour de la danseuse.

Lorsque la musique cessa, Vassilissia vint s'asseoir aux côtés du roi.

— Noble roi, lui dit-elle, avant de mourir, mon père m'a jeté un sort : il m'a changé pour trois ans en

grenouille ne me laissant reprendre ma forme humaine que trois jours par an.

Dès que le prince Ivan entendit ces paroles, il se précipita dans sa chambre, saisit la peau de la grenouille et la jeta au feu. La princesse le rejoignit en toute hâte :

— Qu'as-tu fait, malheureux ! cria-t-elle ; si tu avais attendu la fin du sortilège, j'étais à toi pour toujours. Maintenant, hélas ! nous

voici séparés à jamais, à moins que tu ne me délivres de mon nouvel exil, chez Prête-la-Peau le Ténébreux. Désormais, je suis sa prisonnière.

A ces mots les cygnes se changèrent en vautours et emportèrent la princesse dans les airs.

Tandis que le prince Ivan restait là comme foudroyé, on vint lui annoncer que le roi l'avait déchu de ses droits à la couronne. Il décida donc de partir à la recherche de Vassilissia, saisit son arc et ses flèches et s'éloigna dans la même direction que les vautours.

Chemin faisant, il croisa un vieillard qui lui demanda l'aumône. Le prince lui fit un don généreux et lui demanda s'il n'avait pas vu des vautours portant une femme dans leurs serres.

— Si fait, répondit le vieil homme. Et puisque tu t'es montré si charitable, je vais t'aider. Prends cette pelote de laine et suis-la partout où elle ira. Elle te conduira jusqu'à Vassilissia.

Et le vieillard disparut comme par enchantement. Ivan lança la pelote qui se mit à rouler si vite qu'il avait de la peine à la suivre. Il marcha ainsi plusieurs jours jusqu'à ce qu'il arrive dans une contrée déserte. Il avait faim. Aussi fut-il heureux d'apercevoir un ours. Au moment où il pointait son arc, l'ours lui dit :

— Epargne-moi, prince Ivan, je pourrai sans doute t'être utile !

Ivan rangea son arc et continua son chemin. Il était presque mort de faim quand la pelote s'arrêta au bord d'un merveilleux lac. Sur un banc de sable, un brochet se débattait, cherchant à regagner l'eau. Au moment où il allait le saisir, le poisson lui jeta un tel regard qu'Ivan eut pitié et qu'il le rejeta à l'eau.

Comme pour le remercier, le brochet suivit le bord du lac quelques temps avant de disparaître.

Puis la pelote se remit à rouler, lentement cette fois, pour s'arrêter peu après devant une vieille cabane. Ivan frappa à la porte qui s'ouvrit comme par enchantement sur une pièce sordide au fond de laquelle se tenait une vieille sorcière accroupie devant la cheminée.

— Qui es-tu et que veux-tu ? cria-t-elle d'une voix éraillée.

Le prince Ivan se serait bien enfui tant la sorcière était repoussante mais il répondit doucement :

— Je cherche mon épouse, la princesse Vassilissia. Peut-être pourrais-tu m'aider à la retrouver ?

A ces mots la sorcière éclata d'un rire strident puis elle marmonna :

— Tu ferais mieux de retourner d'où tu viens. Tu n'auras jamais le dessus avec Prête-la-Peau, et c'est sur moi qu'il se vengera si je consens à t'aider.

— Parle-moi quand même de lui, reprit Ivan. Peut-être pourrais-je ainsi trouver une solution.

— Il y en a une, siffla la sorcière. Mais pour que je te la donne tu dois me promettre de m'épouser.

— Je ne peux, soupira le prince, j'ai déjà une femme et elle est prisonnière de Prête-la-Peau.

A ces mots, la sorcière eut un rire effroyable :

— Pauvre niais qui ne sait pas même reconnaître sa propre femme ! Que me veux-tu encore ? Avoir brûlé ma peau ne te suffit donc pas ?

Ivan manqua défaillir.

— Ne me repousse pas ! Aide-moi à te sauver ! implora-t-il.

— Et quand je serai libre que feras-tu ? dit-elle rageusement.

— Je t'aimerai comme j'ai aimé la petite grenouille, s'écria-t-il.

— Non, cela ne se peut pas. Je ne suis plus ni la petite grenouille ni Vassilissia. Prête-la-Peau m'a transformée en sorcière, et plus personne ne pourra jamais m'aimer. Qui peut contraindre Prête-la-Peau à me rendre ma liberté ?

— Qui peut nous aider ? demanda Ivan.

— Il a à son service des animaux, ou plutôt des hommes qu'il a changés en animaux, mais tous le craignent, dit la sorcière.

Elle prononça une formule magique et un canard sauvage apparut.

— Que puis-je pour toi ? demanda-t-il à Ivan.

— Dis-moi pourquoi tu n'essaies pas de te libérer ? demanda le prince.

— Parce que, pour cela, il me

faudrait le grand livre de Prête-la-Peau, celui où il inscrit tous ceux qu'il garde prisonniers et sans lequel il n'a plus aucun pouvoir, dit le canard.

— Et où est ce livre ? reprit Ivan.

— Dans un coffre, continua le canard. Peut-être l'ours pourrait-il le forcer ?

— Vite ! Appelle-le, demanda Ivan à la sorcière.

Il arriva en un clin d'œil.

— Que veux-tu de moi ? demanda-t-il.

— Que tu enfonces ce coffre, répondit Ivan.

— Rien de plus facile, reprit l'ours qui d'un coup de patte en fit sauter la serrure.

Le livre apparut aux yeux de tous. Ivan s'en saisit. Sur la dernière page était écrit... Vassilissia. Il allait arracher le feuillet lorsque... :

— Non ! Non ! Surtout pas, cria la sorcière. En déchirant cette page c'est ma peau que tu déchires.

C'est alors que surgit derrière eux Prête-la-Peau le Ténébreux. Mais que restait-il du redoutable géant qui faisait trembler les petits comme les grands ? Il était là, blafard, malingre et rabougri. Rien à voir avec l'image qu'Ivan s'en était fait.

— Rendez-moi mon livre, gémit-il.

— Raye d'abord le nom de Vassilissia, ordonna Ivan.

Prête-la-Peau s'exécuta en tremblant. Et aussitôt la sorcière se volatilisa pour laisser la place à la belle et sage Vassilissia.

— Enlève aussi l'ours et le canard, enjoignit Ivan.

Et qui vit-on apparaître ? Le Grand Chambellan et sa femme qui avaient un jour disparu de la Cour sans que jamais personne n'ait pu les retrouver.

— Maintenant rends-moi mon livre, répéta le Ténébreux.

— Pas question avant que tu n'aies rayé tous les noms qui s'y trouvent, dit Ivan.

A ces mots, Prête-la-Peau poussa un rugissement effroyable et tomba raide mort. Au même instant on entendit un grand remue-ménage. Des hommes et des femmes arrivaient par milliers. Tous criaient, pleuraient, heureux d'avoir enfin retrouvé forme humaine. Seul le brochet resta brochet, car c'était un véritable brochet !

Il y avait là quelques courtisans qui retournèrent chez le roi avec Ivan et Vassilissia. Le souverain rétablit Ivan dans ses droits. Et la belle et sage Vassilissia ? Le roi, ma foi, l'accepta comme belle-fille... et jamais ne le regretta.

Jeannot Brindille

Il était une fois deux sages qui faisaient route dans une contrée reculée. A la nuit tombée, ils demandèrent l'hospitalité dans une petite chaumière. Un riche marchand de fourrures occupant déjà l'unique chambre, l'hôte n'avait qu'une litière dans son étable à leur offrir. On était en été, les nuits étaient tièdes : après tout, ils pouvaient très bien dormir là. Mais, vers minuit, les deux sages furent réveillés par de forts gémissements : c'était leur hôtesse qui était en mal d'enfant. L'un des sages dit :

— Tu devrais aider cette femme.

— J'ai déjà fait pour elle tout ce que je pouvais, dit l'autre.

Et avant même qu'il ait terminé sa phrase, la femme avait déjà son enfant dans les bras.

— Qu'adviendra-t-il plus tard de cet enfant ? demanda l'un des sages.

— Je pense qu'il héritera la fortune du riche marchand qui dort cette nuit dans la chaumière, répon-

dit son compagnon.

Quant au marchand, les cris de douleur de l'hôtesse l'empêchèrent de dormir. Il sortit faire un petit tour et surprit la conversation des deux sages. Leur prédiction le mit fort en colère et il réfléchit toute la nuit au moyen de la contourner. Le matin venu, il plaignit longuement ses hôtes d'avoir tant de bouches à nourrir. Posant au bienfaiteur, il leur proposa d'emmener le nouveau-né et de l'adopter. Pensant que leur garçon recevrait une bonne éducation, les parents acceptèrent, le cœur gros.

Le marchand se mit aussitôt en route. Dès qu'il fut dans la forêt, il quitta le sentier et suspendit l'enfant à une petite branche. Puis il poursuivit son chemin, satisfait, car à présent la prédiction ne pourrait plus se réaliser : le fils de ses hôtes n'hériterait pas sa fortune !

Le marchand venait de disparaître entre les arbres lorsqu'un chasseur vint à passer. Il lui avait semblé entendre du bruit : il s'approcha et découvrit au bout d'une branche le nourrisson en pleurs. Le chasseur, qui avait bon cœur, eut pitié du nouveau-né. Après l'avoir enveloppé dans une peau de bête, il l'emmena chez lui et l'éleva comme si c'était son propre fils. En grandissant, l'enfant devenait de jour en jour plus beau. Son père adoptif l'appela Jeannot, mais les villageois le surnommèrent Brindille quand ils surent son histoire.

Jeannot-Brindille fut bientôt un robuste jeune homme qui participait activement à tous les travaux de la ferme. Un jour, les hasards d'un voyage ramenèrent le marchand dans les environs et il s'arrêta pour la nuit dans la maison du chasseur. Là, il entendit qu'on appelait Jeannot « Brindille » et comme il trouvait ce surnom bizarre, il en demanda l'explication au chasseur qui lui raconta toute l'histoire.

Le marchand crut défaillir en découvrant qui était Brindille. Mais il n'en laissa rien paraître et dit simplement :

— Quelle drôle d'histoire ! Je n'en ai jamais entendu de pareille ! Sur ce, il alla se coucher mais il ne put trouver le sommeil. Il chercha toute la nuit le moyen d'empêcher la prédiction des deux sages.

Le lendemain matin, le marchand s'adressa au chasseur :

— J'ai un message à faire parvenir chez moi, mais je ne peux le porter moi-même. Votre fils ne pourrait-il y aller à ma place ?

Brindille partit donc pour la lointaine demeure du marchand afin d'y porter la lettre. Celui-ci se montra satisfait et il paya largement le chasseur pour le service rendu. En réalité, le marchand ordonnait dans sa lettre de vendre comme esclave le porteur du message.

Après avoir marché le jour durant, Brindille s'arrêta près d'un rocher et s'étendit sous un grand arbre, sur un tapis de mousse. Il

tenait la lettre fermement dans sa main. Deux vagabonds vinrent à passer par là. Ils aperçurent la lettre. Pour s'amuser, ils s'en emparèrent et commencèrent à la lire. Mais lorsqu'ils comprirent la fourberie du marchand, ils décidèrent de lui jouer un tour. Au cours de leurs pérégrinations, les deux vagabonds s'étaient arrêtés plus d'une fois dans la maison de ce riche marchand, aussi savaient-ils combien il y régnait en maître absolu. L'un des vagabonds, imitant l'écriture du marchand, griffonna un message d'une toute autre nature : « Dès son arrivée, le porteur de cette lettre doit épouser ma fille comme je le lui ai promis. Cet ordre doit être impérativement exécuté avant mon retour. Si vous tardiez à obéir, redoutez ma colère. »

Lorsque Jeannot Brindille fut reposé, il poursuivit sa route, ignorant tout de l'heureuse plaisanterie des vagabonds. Il gagna d'une traite la maison du marchand et tendit la lettre à sa femme qui la lut et s'étonna fortement. Mais comme tout un chacun savait que le marchand n'en faisait qu'à sa tête, personne n'osa désobéir. On maria donc Jeannot Brindille à la fille du maître de céans et les deux jeunes

époux s'en trouvèrent ma foi fort bien.

Quelques semaines plus tard, le marchand reprit le chemin de sa maison. Désireux d'arriver au plus vite, il cravacha sa monture et lança, triomphant : « Maudit Jeannot, où que tu sois, jamais tu n'hériteras mes richesses ! »

Peu après il était rendu. Son visage devint noir de colère quand il aperçut sa fille et Jeannot Brindille sur le perron. Mais le marchand, qui était rusé comme un renard, cacha son dépit et demanda à sa femme de lui conter en détails comment tout cela était arrivé. Très vite, il comprit que la lettre avait été dérobée et son écriture contrefaite. A présent il lui fallait imaginer un nouveau stratagème, et ce sur le champ. Il s'approcha de Jeannot, le salua et lui dit :

— Tu hériteras un jour tous mes biens mais il te faut les mériter. Ma vie durant, je me suis demandé où l'homme pouvait trouver le bonheur et je suis devenu marchand. Mais aujourd'hui, je suis las de ce métier et je voudrais savoir si un autre pourrait me convenir. Mets-toi en route pour les Hautes Terres du Nord et demande à Louhi, reine de ce pays, où l'homme est le plus à même de trouver son bonheur.

Brindille ne pouvait se douter que son beau-père cherchait à se débarrasser de lui une fois pour toutes. Il

accepta en dépit des dangers de ce long voyage. S'aidant d'un bâton, il gravit des montagnes, traversa des vallées, jusqu'au jour où, soudain, il se trouva au pied d'un gigantesque rocher. Il y avait tout en haut un géant effrayant à voir, et qui pourtant lui demanda très aimablement :

— Où vas-tu ainsi, mon garçon ?

— Je me rends dans les Hautes Terres du Nord pour demander à Louhi où l'homme est le plus à même de trouver son bonheur.

— Je t'offrirai mon meilleur étalon si tu poses aussi une question pour moi, dit le géant. Dans mon verger poussaient jadis les fruits les plus beaux mais aujourd'hui tous sont moisis. Comment expliquer cela ?

— Je poserai la question, dit Brindille et il enfourcha l'étalon.

Il galopait tel une tornade lorsque, soudain, il entendit une voix terrifiante et le sol se mit à trembler. Brindille aperçut un château en pierre et, devant, un géant qui martelait violemment la porte de ses poings. Cette fois le jeune homme eut très peur mais il se ressaisit et salua le géant. Celui-ci, oubliant sa colère, lui demanda gentiment :

— Où vas-tu ainsi, mon garçon ?

Lorsque Brindille lui raconta le but de son voyage, le géant dit :

— Je t'en prie, essaie par la même occasion de savoir où sont cachées les clefs de mon château. Sans elles je ne peux pas ouvrir. Tu recevras mon plus grand trésor en récompense.

Un peu plus loin, Brindille vit à nouveau quelque chose d'étrange. Au sommet d'une énorme mon-

tagne poussait un pin magnifique. Tout en haut de l'arbre était assis un géant tenant un épieu très long dans la main sur lequel était empalé un élan. Il avait allumé un feu et il faisait rôtir la bête. Quand le géant aperçut Brindille, il lui cria :

— Viens vite par ici, mon garçon, je t'offre à manger !

Comme il était affamé, Brindille rejoignit vite le géant et pendant qu'ils festoyaient, il lui raconta le but de son voyage.

— Eh bien, puisque tu vas là-bas, dit le géant, profites-en pour demander pourquoi je dois passer toute ma vie assis sur la cime de cet arbre. J'arrive à attraper un élan ou quelque gibier par-ci par-là, mais lorsque aucun animal ne s'aventure par ici, je meurs quasiment de faim.

— Je poserai la question, dit Brindille qui, après avoir remercié le géant pour son repas, repartit.

Il chevaucha, chevaucha encore, et arriva finalement au bord d'un grand fleuve. Une barque était amarrée sur la rive et, assise dans la barque, il y avait une petite vieille qui serrait une rame sous son bras. Brindille s'adressa à la vieille en ces termes :

— Accepteriez-vous d'emmener un voyageur jusqu'à l'autre rive ?

— Mais bien sûr, répondit la vieille, je suis heureuse de pouvoir vous être utile. Où désirez-vous laisser votre cheval ?

— Ici, sur la rive, il aura de quoi paître jusqu'à mon retour, dit Brindille et il monta dans la barque.

Tout en ramant, la vieille examinait l'étranger avec une grande curiosité. Elle lui demanda :

— Quelle longue distance l'étranger a-t-il déjà couverte et que vient-il faire dans une telle contrée ?

— Je viens de très loin, dit Brindille, et je vais chez Louhi, dans les Hautes Terres du Nord. Je veux lui demander où l'homme est le plus à même de trouver son bonheur.

— Ce n'est plus très loin d'ici, répondit la vieille. Continuez toujours tout droit sur l'autre rive et vous serez bientôt rendu. Posez aussi une question pour moi, je vous prie. Pourquoi suis-je condamnée à faire traverser ce fleuve aux voyageurs ? Il y a déjà quarante ans que je travaille ici comme passeur.

Une fois sur l'autre rive, Brindille remercia la vieille et continua à pied. Il ne tarda pas à apercevoir une maison. Brindille comprit que c'était là celle de Louhi. Arrivé à la porte, il frappa un coup bref et entra hardiment. La maîtresse des lieux n'était pas là. Il n'y avait que sa fille. Brindille la salua poliment et prit place sur un banc.

— Ma mère n'est pas là, dit la jeune fille, mais si vous devez la voir pour une affaire importante, sachez qu'elle sera de retour ici tard dans la soirée.

Pour faire passer le temps, Brindille engagea la conversation et il finit par raconter à la jeune fille le but de son voyage.

— Mon dieu! s'écria-t-elle quand il eut terminé son récit, ce n'est pas rien, ce que vous demandez là. Ma mère ne voudra guère répondre à ces questions. Mais si vous faites ce que je vous dis, je pourrai peut-être vous aider. Ce soir, quand ma mère rentrera, cachez-vous derrière le poêle et écoutez très attentivement tout ce qui se dira. Puis éclipsez-vous discrètement pendant qu'il fera encore nuit.

A la tombée du jour, Brindille se cacha derrière le poêle et attendit le retour de l'hôtesse. Louhi ne rentra du village qu'aux premières heures de la nuit. Elle questionna aussitôt sa fille : celle-ci avait-elle eu de la visite pendant son absence ?

— Un homme est venu ici; il voulait savoir certaines choses, répondit la jeune fille, mais comme tu n'étais pas là, il est parti poser ses questions à d'autres.

— Quoi ? Ce freluquet s'imaginerait-il par hasard en apprendre plus long ailleurs ? J'aimerais bien voir ça ! Sais-tu ce qu'il voulait ?

— Oui, dit la fille, il se demandait où l'homme était le plus à même de trouver son bonheur.

— Ce doit être quelqu'un de très astucieux pour poser une telle question, remarqua Louhi. Mais j'aurais refusé d'y répondre. Et il se renseignera en vain ailleurs car je suis la seule à savoir. Mais je vais te le dire : labourer son champ et cultiver des céréales, voilà ce qui rend l'homme le plus heureux. Ton visiteur a-t-il demandé autre chose ?

— Oui, il voulait aussi savoir pourquoi tous les fruits moisissaient dans le verger du géant alors qu'autrefois ils étaient magnifiques.

— La réponse est simple, dit Louhi, il y a un ver dans ce verger; il suffirait de l'écraser entre deux pierres pour que tout redevienne comme avant.

— Puis l'homme m'a parlé d'un autre géant qui, lui, frappe à la porte de son propre château sans jamais pouvoir entrer, car il a perdu ses clefs, dit la fille de Louhi en riant.

— En voilà une question ! fit Louhi avec un petit sourire entendu. Les clefs se trouvent sous la marche la plus haute de l'escalier; il suffit de la soulever et de les attraper. Mais l'homme t'a-t-il demandé encore autre chose ?

— Oui, dit la jeune fille. Il m'a parlé d'un géant qui vit depuis toujours sur la cime d'un arbre et qui voudrait en descendre.

— C'est très simple, dit Louhi, il suffit d'effleurer le tronc de cet arbre avec une baguette en bois d'aulne; la cime se changera en or et tombera sur le sol, entraînant le géant dans sa chute. Mais l'homme ne voulait vraiment rien savoir d'autre ?

— Si, dit la fille. Il a demandé comment la vieille pourrait se défaire de son travail de passeur qui l'oblige à transporter les voyageurs d'une rive à l'autre du fleuve.

— Cette pauvre vieille a une cervelle de moineau, répondit Louhi. Le prochain voyageur qui se présente, elle le fera traverser, mais, dès qu'ils toucheront la rive opposée, elle sautera vite à terre et repoussera la barque de son talon gauche en disant : « Je m'en vais de ce pas, à ton tour de rester là ! »

Aussitôt elle sera délivrée et ce sera au voyageur de faire le passeur. Cette fois, est-ce vraiment tout ?

— Oui, répondit la jeune fille.

Depuis sa cachette, Brindille avait tout entendu. A présent il attendait patiemment le moment opportun pour s'éclipser.

Louhi ne tarda pas à ronfler bruyamment : Brindille quitta sans bruit sa cachette et gagna la porte. Une fois dehors, il se dirigea vers le fleuve, où l'attendait la vieille dans sa barque. Elle cria à Brindille du plus loin qu'elle l'aperçut :

— Aimable voyageur, avez-vous pu vous renseigner pour moi ?

— Oui, ce n'était pas bien difficile, dit Jeannot Brindille, mais fais-moi d'abord franchir le fleuve.

Et dès que la barque accosta l'autre rive, elle pressa à nouveau Brindille de lui répondre.

— Ne sois pas si impatiente ! lui répondit le jeune homme et il sauta à terre. Si quelqu'un demande à traverser, au moment d'accoster, descends la première et repousse la barque de ton talon gauche en disant : « Je m'en vais de ce pas, à ton tour de rester là ! » Le voyageur devra prendre ta place et tu seras libre.

La vieille fut ravie d'apprendre cette bonne nouvelle. Elle remercia Brindille puis retourna s'asseoir dans sa barque pour y attendre le prochain voyageur. Brindille retrouva son étalon et reprit, ventre à terre, le chemin du retour. Il gravit la montagne sur laquelle il avait mangé de la viande d'élan. Quant au géant, il était toujours assis sur la cime de l'arbre. Il vit venir Brindille de loin et lui cria :

— Salut, mon garçon, as-tu réussi à démêler mon affaire ?

— Bien sûr, répondit Brindille, mais patiente encore un peu.

Il ramassa une baguette en bois d'aulne et en effleura le tronc de

l'arbre. Soudain la cime se changea en or ; elle tomba sur le sol, et le géant avec elle.

— Tu m'as rendu grand service ; dis-moi comment je peux te récompenser, demanda-t-il à Brindille.

— Je ne désire pas de récompense, dit le jeune homme, mais si tu veux me faire un cadeau, donne-moi quelques branches de la cime en or qui t'a entraîné dans sa chute.

Le géant détacha aussitôt quelques rameaux d'or.

— Grand merci pour ce présent, dit Brindille, il servira à aiguillonner mon cheval.

Sur ce, Jeannot Brindille remonta sur son étalon et galopa jusqu'à la porte du château que le géant martelait de ses poings. Le jeune homme lui conseilla de chercher les clefs sous la plus haute marche et, comme promis, il reçut en récompense le plus grand trésor du géant. Ainsi chargé de présents, Brindille alla trouver le dernier géant et il lui expliqua comment tuer le ver pour que son verger produise à nouveau de beaux fruits. En échange de ce conseil, Brindille se vit offrir l'étalon, qui le ramena au grand galop jusqu'à la maison du marchand.

Ce dernier ne fut pas peu surpris de voir que Brindille était déjà de retour. Il lui demanda, dépité :

— As-tu la réponse à ma question ?

— Bien sûr, répondit Brindille. « Labourer son champ et cultiver des céréales, voilà ce qui rend l'homme le plus heureux ».

Le marchand était mécontent de n'avoir pas réussi à se débarrasser de son gendre, et il le fut bien davantage lorsqu'il découvrit toutes les richesses rapportées par Brindille. Il était si envieux qu'il demanda aussitôt au jeune homme l'itinéraire exact qu'il avait suivi et il partit à son tour. Lorsqu'il arriva au bord du fleuve, la vieille attendait toujours, assise dans sa barque, qu'un voyageur se présente pour traverser. Elle fit monter le marchand mais dès qu'ils eurent gagné l'autre rive, elle sauta la première et repoussa la barque de son talon gauche en disant : « Je m'en vais de ce pas, à ton tour de rester là ! »

Ainsi le riche marchand devint passeur. Et il le restera sans doute à jamais car personne ne va voir la souveraine des Hautes Terres du Nord. Quant à Jeannot Brindille, il est le maître dans la maison de son beau-père, où il vit heureux avec sa femme, et selon la prédiction il a hérité tous les biens du riche marchand.

Le château à l'est du Soleil et à l'ouest de la Lune

Il était une fois un meunier qui se trouva fort contrarié quand il s'aperçut que quelqu'un volait régulièrement du blé dans son moulin. Afin de prendre le voleur sur le fait et de mettre un terme aux larcins, le meunier se cacha tout en haut de son moulin. Il attendit longtemps, en vain. Mais, une nuit, trois colombes entrèrent dans le moulin par une petite fenêtre et se jetèrent aussitôt sur un sac de blé pour picorer. Sans doute venaient-elles de loin car elles semblaient lasses et affamées.

Lorsqu'elles furent rassasiées, elles enlevèrent leur habit de colombe et tout à coup, sous les yeux stupéfaits du meunier, apparurent trois belles jeunes filles. Elles allèrent s'asseoir sur un sac de blé et, là, engagèrent une conversation très animée. Le meunier s'approcha sans bruit, se saisit d'un des habits de plumes et le cacha.

Au bout d'une heure, les jeunes filles se levèrent et retournèrent à l'endroit où elles avaient laissé leurs habits de plumes. Quel ne fut pas leur effroi lorsqu'elles découvrirent qu'il en manquait un ! Et elles eurent beau chercher, elles ne purent le retrouver. Finalement deux des jeunes filles enfilèrent leurs parures de plumes et s'envolèrent par la petite fenêtre du moulin.

Assise sur un sac de blé, la troisième jeune fille pleurait, désespérée. Jamais le meunier n'aurait pu s'attendre à un tel chagrin. Il s'avança et lui dit :

— Ne sois pas triste. Reste ici avec moi et deviens ma femme.

— Le souhaiterais-je de toute mon âme, répondit la jeune fille, que je ne le pourrais pas. Si je ne suis pas rentrée avant le lever du soleil, je mourrai. Sois gentil, aide-moi à retrouver mon habit de plumes.

— Bien volontiers, répondit le meunier. Mais tu dois me promettre de m'épouser.

— Je te le promets, dit la jeune fille, mais tu devras venir me rejoindre au château de la forêt enchantée, qui se trouve à l'est du soleil et à l'ouest de la lune, car c'est là que j'habite.

Le meunier consentit et rendit à la jeune fille sa parure de plumes. Dès qu'elle l'enfila, elle se changea en colombe et s'envola.

Le meunier crut d'abord qu'il avait rêvé. Mais sur l'épaisse couche de farine qui recouvrait le sol du moulin, on voyait nettement les traces de pattes des trois colombes et, éparpillés tout autour du sac dans lequel elles avaient picoré, il y avait tous les grains de blé qu'elles avaient fait tomber.

Les premiers jours, le meunier s'efforça de ne pas penser à la belle jeune fille qui lui avait promis de devenir sa femme. Mais son désir de la revoir devint bientôt trop ardent;

il fit donc ses bagages et prit congé de ses parents.

Il allait sans répit, jour après jour, demandant partout où se trouvait le château à l'est du soleil et à l'ouest de la lune. Mais personne n'en avait entendu parler. Après plusieurs semaines d'errance à travers le monde, le meunier arriva devant une maisonnette qui se dressait non loin du bord de la mer. Il frappa à la porte et une petite vieille parut sur le seuil. Il lui demanda s'il pouvait passer la nuit chez elle, ce qu'elle accepta. Quant au château qu'il cherchait, elle n'en avait jamais entendu parler. Néanmoins elle pouvait peut-être l'aider. Comme elle régnait sur tous les animaux des lacs, des fleuves et des mers, peut-être l'un de ses sujets saurait-il où trouver le château à l'est du soleil et à l'ouest de la lune…

De bon matin, le lendemain, ils descendirent sur la plage et la vieille femme sonna du cor. Venus un par un ou par bancs entiers, tous les poissons et autres animaux marins furent là en un clin d'œil. La mer se couvrit de poissons, dont seule la tête émergeait au-dessus des vagues. Mais lorsque la vieille femme leur parla du château à l'est du soleil et à l'ouest de la lune, il s'avéra qu'ils ignoraient tous jusqu'à son existence.

— Je ne vois plus qu'un moyen, dit la vieille femme. Va trouver ma sœur qui habite à dix jours d'ici. Elle règne sur tous les animaux à quatre pattes. Peut-être pourra-t-elle t'aider.

Le meunier la remercia du conseil et se remit en route. Il déboucha en fin de compte dans une vaste plaine. A l'autre bout, presque à la lisière de la forêt, il aperçut une petite chaumière. Il marcha le jour durant et il faisait déjà nuit lorsqu'il s'arrêta enfin devant la maisonnette. Il frappa. Une vieille femme vint lui ouvrir et le pria d'entrer. Le meunier lui raconta ses soucis et lui demanda si elle savait où était le château à l'est du soleil et à l'ouest de la lune. Elle n'en avait pas la moindre idée, mais elle promit de réunir le lendemain même tous les animaux dont elle était la souveraine. L'un d'entre eux aurait peut-être entendu parler de ce château…

Le lendemain, au petit matin, la vieille femme et le meunier sortirent dans la plaine. La vieille femme sonna du cor. Aussitôt des animaux accoururent vers elle par milliers. Il y avait des loups, des ours, des élans, des cerfs, des lièvres, des lapins, des rats, des souris et bien d'autres espèces encore. A eux tous, ils eurent tôt fait de couvrir toute la plaine. La vieille femme leur de-

manda s'ils avaient entendu parler du château qui se trouve à l'est du soleil et à l'ouest de la lune. Mais aucun d'entre eux ne le connaissait.

— Je ne vois plus qu'un moyen, dit la vieille femme. Va trouver ma sœur qui règne sur les oiseaux du monde entier. Elle est ta dernière chance. Si elle ne peut pas t'aider à retrouver le château dont tu parles, tu devras renoncer.

Le meunier la remercia du conseil et se remit en route. Au terme d'un voyage de plusieurs semaines, il arriva au pied d'une montagne. Tout là-haut, perchée sur la cime, il y avait une petite cabane. Le meunier grimpa le jour durant et il faisait déjà nuit lorsqu'il s'arrêta enfin devant la maisonnette. Le meunier frappa à la porte. Une vieille femme lui ouvrit et le pria d'entrer. Le meunier lui demanda si elle avait entendu parler du château à l'est du soleil et à l'ouest de la lune. Elle lui dit que non. Mais s'il voulait bien passer la nuit chez elle, elle lui promettait de réunir le lendemain tous les oiseaux du monde pour leur demander s'ils connaissaient ce château.

Le lendemain matin la vieille femme sortit sur la montagne et sonna du cor. Volant à tire-d'aile, des oiseaux surgirent de partout, du nord, du sud, de l'est et de l'ouest. Le ciel en était rempli et, lorsqu'ils se posèrent, ils recouvrirent la montagne toute entière. Mais aucun d'entre eux ne savait où était le château à l'est du soleil et à l'ouest de la lune.

La vieille femme était très désappointée. Mais soudain elle s'aperçut qu'un vieil aigle manquait à l'appel. Il habitait très loin et n'était pas encore là. La vieille femme sonna à nouveau du cor. Rien ne se passa. Elle sonna encore, et cette fois beaucoup plus fort. Au bout d'un moment, on vit poindre à l'horizon une petite tache sombre qui se rapprocha peu à peu, grossissant à vue d'œil. C'était l'aigle qui arrivait à tire-d'aile. La vieille femme, irritée, lui demanda pourquoi il avait tant tardé.

— Je viens du château qui se dresse à l'est du soleil et à l'ouest de la lune, dans la forêt enchantée, au bout du monde, répondit l'aigle. C'est pourquoi je ne pouvais arriver plus tôt, bien que j'aie volé aussi vite que possible.

Ces paroles réjouirent grandement le meunier et la vieille femme. Celle-ci chargea l'aigle de conduire le meunier au château à l'est du soleil et à l'ouest de la lune. Dès que l'aigle fut reposé et rassasié, le meunier grimpa sur son dos et ils s'envolèrent à la vitesse du vent. Ils arrivèrent avant la tombée du jour et l'aigle se posa sur la vaste esplanade aménagée devant les portes du château qui ressemblait davantage à une montagne de verre qu'à un édifice comme on a l'habi-

tude d'en voir. Les portes étaient si grandes, si monumentales que le meunier — qui n'était pourtant pas de petite taille — ne put atteindre le gigantesque anneau d'or qui y était scellé. Il retourna voir l'aigle et lui demanda comment faire pour pénétrer dans le château.

— Tu vois cette bouteille près de la porte ? lui dit l'aigle. Si tu bois un peu de son contenu, tu deviendras trois fois plus fort et tu pourras soulever l'épieu appuyé contre le mur. Passe-le ensuite dans l'anneau, fais-le tourner, et les portes s'ouvriront.

Le meunier fit comme lui avait dit l'aigle et il put entrer dans le château. Il y rencontra les trois princesses qui se réjouirent grandement de sa venue. Celle dont il avait pris l'habit de plumes l'invita à une promenade dans la forêt. Au bout d'un moment, ils s'arrêtèrent devant un grand rosier en fleurs d'une beauté sans pareille.

— Si tu m'aimes autant que tu le dis, déclara la princesse, prends la hache posée contre le tronc et abats le rosier.

— Tu ne veux tout de même pas que je coupe cet arbre, protesta le meunier. Je n'en ai jamais vu d'aussi beau. Ce serait pure barbarie !

Mais la princesse le supplia tant et tant d'abattre le rosier qu'il accéda à son désir. Lorsque l'arbre s'abattit, on entendit presque aussitôt un vacarme effroyable et la terre toute entière se mit à trembler. La princesse et le meunier tombèrent évanouis.

Quand le meunier revint à lui, il trouva la princesse assise à ses côtés. Mais, autour d'eux, tout avait changé. La montagne était devenue un grand et beau château agrémenté de créneaux et de tourelles. La forêt avait disparu, remplacée par des champs et des prairies.

— Jamais je ne te remercierai assez pour ce que tu as fait, dit la princesse. Tu nous a délivrées, mes sœurs et moi, ainsi que tout le pays, d'un horrible sortilège.

Une semaine plus tard, le meunier et la princesse se marièrent et on leur célébra de belles noces. Ils connurent ensuite plusieurs mois de bonheur. Mais le meunier pensait souvent à ses parents. « Ils doivent être inquiets et s'interroger sur mon

sort », se disait-il, tourmenté. Il demanda donc à sa femme la permission de leur rendre visite.

— Je comprends ton désir de revoir tes parents, lui répondit la princesse, mais je redoute que ce voyage ne fasse notre malheur à tous deux. La route est longue et difficile. Je te donnerai un cheval rapide comme l'éclair pour que tu reviennes plus vite. Mais tu dois me promettre une chose ! Quoi qu'il advienne, ne descends sous aucun prétexte de ton cheval, sinon nous ne nous reverrons plus jamais.

Le meunier promit de suivre ses instructions et il enfourcha son cheval, qui l'emporta aussitôt au grand galop. Il galopa si vite qu'en quelques heures le meunier fut rendu au moulin de ses parents.

Ceux-ci entendirent un cheval approcher à très vive allure et s'arrêter devant leur maisonnette. Intrigués, ils se précipitèrent dehors. Et là, ils eurent la surprise et la joie de reconnaître leur propre fils ! Ils l'invitèrent tout de suite à descendre de cheval et à entrer avec eux dans la maison.

— Pardonnez-moi, dit le meunier, mais je dois repartir sur-le-champ et surtout ne pas descendre de cheval. Sinon il m'arrivera un grand malheur.

Sa mère se pendit à son bras, le

suppliant de ne pas repartir. Mais, soudain, une poule traversa la route dans un grand bruit d'ailes. Pris de peur, le cheval se cabra, vidant le meunier de sa selle, puis il partit comme un fou et bientôt on ne le vit plus.

Le meunier était profondément malheureux, et ses parents souffraient de le voir ainsi. Les semaines passaient et leur fils ne savait que faire. Mais un jour qu'il errait sur la route sans but ni entrain aucun, le meunier vit venir au grand trot six chevaux noirs attelés à un magnifique carrosse. Parvenus à sa hauteur, ils s'arrêtèrent et le meunier, muet de stupeur et de joie, aperçut sa femme à la fenêtre du carrosse. Elle ouvrit la portière et pressa le meunier de monter sur-le-champ. A peine eut-il pris place aux côtés de la princesse que l'attelage repartit à toute allure.

— Il y a quelques semaines de cela, lorsque ton cheval est entré au

grand galop dans la cour du château, dit la princesse, j'ai remarqué que la sangle de ta selle était déchirée. J'ai compris que tu n'étais pas descendu de cheval de ton plein gré et qu'il t'était arrivé un malheur. C'est pourquoi j'ai pu venir te chercher.

— Je te suis infiniment reconnaissant pour ce que tu as fait pour moi, répondit le meunier. J'étais si malheureux, car je croyais ne plus jamais te revoir. La seule chose qui m'attriste, c'est d'avoir dû quitter mes parents sans leur faire mes adieux ni leur dire où j'allais.

— Ne t'inquiète pas, dit la princesse. Dès que nous serons de retour dans notre château, je les enverrai chercher.

Elle tint sa promesse et ils vécurent heureux pendant de nombreuses années. Et s'ils ne sont pas morts, ils vivent encore ensemble aujourd'hui.